조근조근
제주신화

2

조근조근
제주신화2
자청비부터
도깨비까지
우리 신화로 배우는
삶과 사랑 이야기

신예경·문희숙 지음

제주신화연구소 이사장 문무병

제주의 할머니들은 나들이 갈 때, "어디 감수과?" 물으면, "굿 밧디 감져" 하고 대답한다. 밭에 가 일하는 것만큼 굿밭에 가는 일도 중요했던 생활이 느껴진다. 많은 굿밭을 다녀야 했던 할머니들 가운데는 이야기꾼이 있었다.

제주 사람에게 굿은 생활의 일부였다. 두이레 열나흘 보름달이 완성되는 동안 해야 끝나는 제주큰굿에서는 많은 본풀이가 구송된다. '본풀이'는 '신의 본(本)을 푼다'는 신의 이야기, 신화다. 제주큰굿은 많은 본풀이와 제주어를 심방의 구송을 통하여 들려주는 구비문학사전이다. 칠머리당영등굿은 유네스코 세계무형문화유산 대표 목록으로 지정되었고, 제주큰굿은 제주 무형문화재로 지정되었다. 특히 제주큰굿에서 풍부하게 전승되는 '본풀이'라는 제주신화는 세계에 널리 자랑할 만한 문화유산이다.

그러나 아직까지 풍부한 제주신화에 대하여 우리나라에서조차 잘 알려지지 않은 게 현실이기도 하다. 그런 의미에서 제주신화를 널리 알리고 신화 속에 담긴 제주 사람들의 문화를 재조명하고자 꾸준히 연구하고 책으로 엮은 후학들의 노력에 찬사를 보내고 싶다. 이러한 노력의 과정에 조금이나마 도움을 줄 수 있었다면 선학으로서 가슴 뿌듯한 보람이 아닐 수 없다.

『조근조근 제주신화』세 권은 제주에 전승되고 있는 대표적 제주신화 열여섯 편을 오롯이 펼쳐내고 있다. 신화 속에 담긴 제주의 전통문화와 제주 사람들의 삶을 쉬우면서도 깊이 있게 해설하여 청소년뿐만 아니라 제주신화를 처음 접하는 사람들, 그리고 어느 정도 제주신화에 대해 알고 있는 사람에게도 흥미를 줄 수 있을 것이라 여겨진다.

그리스·로마 신화를 바탕으로 다양한 그림과 조각 등 서양예술이 꽃을 피웠듯이 제주신화 또한 다양한 문화예술 활동에 영감을 줄 수 있는 문화의 원형이라 생각한다. 그래서 제주신화를 바탕으로 한 스토리텔링 작업이 꾸준히 이어지기를 바라며 보다 많은 사람들에게 이 책을 권하고 싶다.

이 땅의 청소년들이 그리스·로마 신화만 알고 삼국유사나 제주신화를 모른다면 그건 아주 불행한 일이다. 제주신화는 무한한 상상력과 창의력의 곳간이다. 그래서 제주신화를 재미있고 알기 쉽게 풀어 쓴 이 책이 청소년들에게 꿈과 희망의 날개를 달아줄 것이라 확신한다. ─장일홍, 극작가

책을 펼치는 순간, 당신은 아득바득한 현실세계를 훌쩍 벗어나 시나브로 광대무변한 신화세계의 올레 초입에 서게 된다. 하늘에서는 청이슬 흑이슬이 내리고 오색만물이 변화무쌍으로 가득한 미증유의 세계다. 동기닥동기닥 신인동락의 아찔함과 짜릿함이 어귀마다 널브러져 있다. 하여, 책 속에서 길을 잃어도 좋다. 길을 잃어도 결국 길 위에 있을 테니, 부디 책 속에서 만취하고 대취하시라. ─김수열, 시인

할머니 무릎을 베개 삼아 옛이야기를 듣던 모습 같은 건 한국인의 삶에서 사라진지 오래, 우리에게도 신기하고 친근한 신들의 세계가 있었음을 조근조근 들려주는 이 책이 반갑다. 그리스 신화나 해리포터, 미야자키 하야오의 애니메이션에 익숙한 세대와 스마트폰과 유튜브 영상이 대세인 시대, 우리 모두에게 제주신화는 '새로운 발견'이 될 것이다. ─김영희, 한겨레신문 논설위원

삶이 거듭나는 신화와의 만남

어린 시절, 제주도 남문통에서는 가끔씩 큰굿을 하는 소리가 동네에 울려 퍼지곤 했다. 제주에서는 열다섯 살이 되기 전까지, 불도할망에게 아이의 건강을 위해 비념(아이들이 놀라거나 신의 노여움을 받았다고 할 때 비는 말)을 하는 일이 많았다고 한다. 지금도 어느 집 어르신은 여전히 비념을 하고 있을지도 모른다. 이렇듯 넋을 들여주는 무속신앙이 제주에는 이곳, 저곳에 깊숙이 자리했음을 미루어 짐작할 수 있다.

제주를 '1만 8천 신들의 고향'이라고 한다. 이 엄청난 수의 신들이 다 어디에 있을까 궁금한 마음이 일었다. 그래서 제주 당 올레 기행에 따라나섰고, 제주 마을 곳곳에 신을 모시는 당이

다양한 형태로 남아 있음을 알았다. 볼수록, 들을수록, 알수록 경이로움을 감출 수가 없었다.

사람들 마음속의 두려움을 걷어내고, 무사안녕(無事安寧)을 기원하는 마음은 참으로 아름답다. 제주 사람들이 기름지지 않은 땅에 검질을 매며 밭농사를 지어왔던, 그 척박한 가난의 굴레에서도 당에 계신 할망(神)에게 찾아나서는 정성은 마음의 위안으로 채워졌을 것이다. 목숨을 걸고 물속으로 잠수하는 해녀들 역시, 바다의 평온과 해산물의 다량어획을 기원했다. 생활 터전에 아주 가까이 있는 당 문화에서 제주인들의 뿌리 깊은 정서가 담겨 있었다.

작년 어느 날, 50대 여인들 몇몇이 모여 제주인의 삶의 방식과 문화에 대해 이야기하는 자리를 마련하게 되었다. 신화연구 모임이라는 이름으로 작게 시작했지만, 이렇게 성과물을 책으로 엮게 되어 기쁘다. 본풀이 이야기를 이끌어가는 해설은 제주어의 언어적 감흥을 침해하지 않는 기준에서 표준어로 기술했으며, 대화체의 경우 되도록 제주어의 표기 방식을 취하려고 노력했다.

이 책에는 모두 다섯 편의 신화가 실려 있다. 첫 번째는 '이공본풀이'이다. 이공은 '꽃 뿌리'라고도 한다. 곧 '꽃의 근원을 차지한 신'으로, 사람의 생명을 살리고 죽이며 치유하는 '서천꽃밭' 꽃감관이다. 제주신화 속에 신비로운 공간이 있다면 바로 '서천꽃밭'이라 할 수 있다. 서천꽃밭에 피어오르는 꽃들은 어떤 꽃이 있을까? 웃음웃을꽃, 싸움싸울꽃, 불붙을꽃, 부자될꽃 등 여러 가지 꽃들을 여러 신화 속에서 볼 수 있다. 주술적인 힘을 담아낸 '꽃'을 상상하며, 신화의 배경인 '서천꽃밭'으로 풍경을 옮겨보면 좋겠다.

두 번째는 농사의 신으로 좌정한 '자청비'의 이야기 '세경본 풀이'이다. 뮤지컬과 연극으로 곧잘 표현되는 신화로 '사랑'이라는 화소가 관객에게 인기를 차지하고 있다. 가부장적 사회에서 사랑을 찾아나서는 자청비의 적극적이고 이탈적인 행동은 흥미롭다. 자청비가 사랑에 눈을 뜰 때부터 결혼에 이르기까지. 그리고 혼인을 이루고 난 이후에도 농사라는 생산적 경제력을 배양하는 힘의 권능을 가지기까지 생동감 넘치는 이야기가 전개된다. 여성으로 태어나 한 가정의 버팀목으로 서기까지 생의 통과의례에 대해 생각할 여지를 주는 신화이다.

세 번째, 사만이본풀이는 '멩감본풀이'라고도 한다. '멩감'은 음력 정월에 집 안에서 가족의 평안과 복을 비는 굿이다. 수렵을 생계로 한 사만이가 백년해골을 조상신으로 여기고 잘 대접한 결과, 자신의 생명을 차사로부터 연장받을 수 있었다는 신화이다. 사만이본풀이를 노래하고, 붉은 수탉을 비틀어 사람의 목숨 대신 내던지는 액막이 굿에서 모습을 볼 수 있다.

네 번째, 문전본풀이는 가정을 일구어가는 데 큰 교훈을 주는 이야기이다. 제주말로 '다슴어멍'의 악행이 화소가 되는데, '노일제대귀일의 딸'이 의붓어머니로 등장한다. 일곱 형제 중 막내 녹디성인의 지혜로 환생한 어머니는 집 안 부엌에 좌정하여 조왕할망으로 대접을 받게 된다.

문전본풀이 속 등장인물들이 집 안에 가신이 되어 자리 잡고 있다. 제주의 초가 구조에 '정주목', '상방', '대문', '정지', '통시' 등과 연결하여 이야기를 읽어나가면 재미가 더할 거라 생각한다. 특히, 제주에서는 문신을 중요시 여겨 제를 지낼 때, '상방' 앞쪽 문에서 '문전제'를 지내는 것이 특징이다.

다섯 번째, 영감본풀이는 도깨비를 신으로 모시는 내력을 담고 있다. 도깨비 신앙은 특정한 직업과 관련이 많다. 야장신이었던 불의 신으로 그 직능이 시대의 변화에 따라서 변화무쌍하게 변한다. 영상매체가 발달된 이 사회에서 도깨비의 권능은 어떤 영역에서 나타날까? 상상을 펼쳐보기 바란다.

이상 다섯 편의 제주신화를 통해 생명의 근원부터 성숙한 사람이 되어가는 과정, 그리고 조상에 대한 예를 생각하는 계기와 일가를 이루어 바르게 처신하는 지혜를 발견할 수 있을 것으로 기대한다.

이 책『조근조근 제주신화2』를 구성함에 있어 귀한 자료를 연구해서 밑거름을 주신 선학들의 노고에 깊이 고개를 숙인다. 사진을 제공해준 전통문화연구소 문무병 박사님, 송당의 문화 지킴이 고정식 선생님, 그리고 김일영 선생님께 감사드린다. 무엇보다 신화연구모임에서 솔선수범하여 출판으로 연결 짓는 데 힘쓴 여연(김정숙) 선생님의 추진력에 찬사를 보내고 싶다. 그리고 제주말 표기에 대한 조언을 아끼지 않은 양전형 선생님께도 감사의 말씀을 전한다. 또한 제주신화의 매력과 가치를 발견하고 청소년과의 만남을 이어주신 지노출판사의 대표님께도 깊은 감사를 드린다.

2018년 10월에
신예경, 문희숙

1장

서천꽃밭 꽃감관
이공 이야기

이공본풀이는 환상과 신비의 꽃밭인 서천꽃밭을 지키는 꽃감관 이공에 대한 이야기이다. 그리고 꽃에 대한 신화이기도 하다. 신화 속에서 제주인들은 꽃으로 사람을 살려내기도 하고 죽음에 이르게도 한다. 꽃으로 사람의 삶과 죽음의 경계를 갈랐던 것이다.

이공본풀이

옛날 옛적 김진국과 임진국이 한 마을에 살았다. 둘은 절친한 친구였는데, 김진국은 몹시 가난했고 임진국은 천하거부로 남 부러울 게 없었다.

김진국과 임진국은 스물, 서른, 마흔이 가까워도 남녀 간에 자식 하나 없어 허허탄식하며 나날을 보내고 있었다.

어느 날 영접 좋은 동개남절당(東觀音寺)에 들어가 석 달 열흘 백일 동안 불공을 드리면 자식을 얻을 수 있으리라는 소문을 들었다. 이들은 함께 불공을 드리러 가기로 했다.

백일 불공이 시작되었다. 대사중은 염불하고 소사중은 목탁 치고 아침이면 아침 불공, 저녁이면 저녁 불공을 드리는데, 백

일이 하루같이 지나갔다.

백일 정성을 마친 김진국과 임진국은 각각 합궁 일을 받아서 천생배필을 맺었다. 김진국은 아들을 낳고 임진국은 딸을 낳았다. 김진국은 아들을 '사라도령'이라 이름 짓고, 임진국은 딸에게 '원강암이'라고 이름을 지어주었다.

김진국과 임진국은 사돈을 맺기로 하고 구덕혼사*를 지냈다. 아기 때부터 혼인 약속을 맺은 것이다. 사라도령과 원강암이는 무럭무럭 잘 자랐다. 열다섯이 지나 스무 살이 가까워 갈 때 원강암이에게 태기가 있었다. 한 달 두 달이 지나자 몸은 항아리처럼 무거워 갔다.

이때 사라도령에게 서천꽃밭 꽃감관을 살러 오라는 옥황상제의 전갈이 내려왔다. 어느 영이라 거역할 도리가 없었다. 사라도령은 곧 채비를 하고, 원강암이에게 꽃감관을 살고 올 테니 그동안 부모님과 함께 잘 지내고 있으라고 위로했다. 하지만 원강암이는 죽으나 사나 같이 따라가겠다고 졸라댔다. 하는 수 없

---

* **구덕혼사** 아기 때부터 혼사를 맺는 것. 아기를 눕힐 수 있게 만들어놓은 대바구니를 구덕이라고 한다.
** **붕물어져** 부풀어져서

18

이 사라도령은 원강암이를 데리고 서천꽃밭에 가기로 마음을 먹었다.

부부가 함께 서천꽃밭으로 길을 떠났다. 서천꽃밭으로 가는 길은 멀고도 험난했다. 원강암이는 아이를 항아리처럼 배어놓았는데 발은 콩구슬같이 붕물어져** 발병이 나니 제대로 걷기가 힘들었다.

가다가 날이 저물면 억새 포기 속에 누워 밤을 새고 날이 밝으면 다시 아픈 다리를 이끌고 비틀거리며 험한 길을 걸어갔다. 몇 날 며칠이나 걸었을까. 하루는 언덕 밑에 서 있는 늙은 팽나무에 의지하여 밤을 지새우고 있는데, 초경 이경 삼경이 넘어가자 닭울음소리가 자지반반 들려왔다.

"저 닭은 어디서 우는 닭이우꽈?"

"제인 들어 제인장제*, 만년 들어 만년장제네 집 닭 우는 소리가 된다."

원강암이는 부풀어오른 발을 감싸쥐고 눈물을 흘려가며 남편에게 애원했다.

"남인님아, 남인님아 난 이제 더 걸을 수가 엇이난 저 닭 우는 소리 나는 저 장제집에 강 나를 종으로나 팔아두고 가는 것이 어떵허우꽈?"

사라도령은 기가 막혔다. 어떻게 임신하고 있는 부인을 부잣집 종으로 팔아버린단 말인가. 부부는 서로 팔목을 잡고 한참 울었다.

그러나 어쩔 도리가 없었다. 종으로 팔아두고 가기로 하는데 어머니는 얼마를 받고 뱃속에 들어 있는 아이는 얼마를 받으면 좋을까를 우선 상의했다. 어머니는 삼백 냥, 뱃속의 아이는 백 냥만 받자고 합의가 되었다.

부부는 눈물을 훔치고 제인장자 집으로 갔다.

"종이나 삽서."

먼 문밖에서 소리지르니 제인장자 벌써 무슨 소리인지 알아듣고 딸들을 불렀다.

"큰뚤아기** 나가 보라. 저 종 사믄 어떵 허염직허니?"

큰딸아이가 대문 밖으로 빼쪽 고개를 내밀어보고는 말을 했다.

"그 종 사지 맙서. 집안 망헙니다."

"셋뚤아기* 나가 보라. 저 종 사믄 어떵 허염직허니?"

둘째 딸도 밖에 나가 사라도령과 원강암이를 보고 와서는 고개를 흔들었다.

"그 종 사지 맙서. 집안이 망할 것 닮수다."

그래도 제인장자는 욕심이 났다.

"죽은뚤아기 나가 보라. 저 종 어떵 허염직허니?"

막내딸이 밖에 나가 두 사람을 보고 오면서 고개를 까우뚱했다.

"아버지 그 종 한 번 사 봅서. 우리 집안 이롭게 할 종인지 해롭게 할 종인지 모르난 한 번 사 두는 것도 좋을 것 닮수다. 그

•**장제** 장자. 부자를 말한다.
•• **큰뚤아기** 큰딸
* **셋뚤아기** 둘째 딸

종 사 두게마씸."

제인장자가 고개를 끄덕였다.

"어서 걸랑 그리 허자."

막내딸의 제안으로 흥정이 되었다. 어미는 삼백 냥, 뱃속의 아이는 백 냥을 받았다.

제인장자는 사라도령을 사랑방으로 불러들여 밥상을 차려 내어 오고 원강암이는 부엌에 들여보내 식은 밥에 물을 말아 주게 했다.

사라도령은 수저를 들고 눈물을 잠시 흘리다가 제인장자에게 말을 했다.

"이 마을 풍습은 어떵 허는지 모르쿠다마는 우리 마을 풍습은 서로 이별헐 땐 맞상을 차려주는 법이우다"

"듣고 보니 맞는 말이여."

그제야 부부간에 맞상을 차려주었다. 부부는 마주 밥상을 받아 앉았지만 목이 메어 밥이 쉬 넘어가지 않았다. 가만히 앉아 있던 원강암이가 입을 열었다.

"뱃속에 있는 아이의 이름이라도 지어주고 가십서."

사라도령이 고개를 끄덕이며 이리저리 궁리를 했다.

"만일 아들을 낳으면 '신산만산할락궁이'라 이름 허고, 딸을 낳거든 '할라댁이'라 이름 허라."

그러고는 가지고 있던 얼레빗을 반으로 꺾어 한쪽을 부인에게 본메*로 남겼다. 다시 만날 날을 굳게 기약하고 사라도령은 서천꽃밭으로 훌훌이 떠났다.

그날부터 원강암이의 종살이가 시작되었다. 날이 저물어 초, 이경이 되니 원강암이의 방문을 두드리는 자가 있었다.

"이 문 열라, 이 문 열라."

"누구우꽈?"

"제인장자여. 오늘 밤은 여기서 자야키여."

원강암이가 화들짝 놀라 문고리를 부여잡았다.

"이 고을 풍습은 어떵허는 줄 모르쿠다마는 우리 마을 풍습은 뱃속의 아기가 나사 몸 허락을 허는 법이우다."

"어서 걸랑 그리 허자."

제인장자가 순순히 돌아가자 원강암이는 한숨을 쉬었다.

얼마 안 되어 아이를 낳았는데 아들이었다. 원강암이는 사라도령이 이른 대로 '신산만산할락궁이'라 이름을 지었다.

오늘을 기다렸다는 듯이 그날 밤부터 제인장자는 다시 와서 문

---

* **본메** 증거물. '본메본장'이라고도 한다.

을 두들겼다. 원강암이는 문고리를 부여잡고 다급하게 말했다.

"이 고을 풍습은 어떵허는 줄 모르쿠다마는 우리 마을 풍습은 낳은 아기 백일이 넘어사 몸 허락을 허는 법이우다."

"어서 걸랑 그리 허자."

제인장자는 이번에도 순순히 물러났다.

백일이 넘었다. 그러자 제인장자가 어김없이 다시 와 문을 두들겼다. 원강암이는 아기를 안으며 애원했다.

"이 고을 풍습은 어떵허는 줄 모르쿠다마는 우리 마을 풍습은 낳은 아기가 걸음마를 허고 마당에서 노념놀일* 허여사 몸 허락을 허는 법이우다."

"어서 걸랑 그리 허자."

제인장자가 순순히 물러가자 원강암이는 가슴을 쓸어내렸지만 속이 바싹바싹 까맣게 타들어갔다.

할락궁이는 제법 자라서 막대기로 말타기를 하며 마당에서 놀게 되었다. 어느날 초이경이 되니 다시 제인장자가 와서 문을 두들겼다.

"이 고을 풍습은 어떵허는 줄 모르쿠다마는 우리 마을 풍습은 낳은 아기 열다섯 십오 세가 되어사 몸 허락을 허는 법입네다."

"어서 걸랑 그리 허자."

의외로 제인장자는 순순히 돌아갔다. 원강암이는 마음이 불안한 것이 무슨 일이 일어날 것만 같았다. 아니나 다를까 이튿날부터 어머니와 아들에겐 고역이 떨어졌다.

할락궁이에게는 낮에는 소 쉰 마리를 몰고 심심산중에 들어가 나무 쉰 바리를 해오게 하고, 밤에도 자지 못하게 새끼 쉰 동을 꼬아놓게 했다. 그리고 원강암이에게는 낮에는 명주 다섯 동을 짜놓게 하고, 밤에는 명주 세 동을 짜 올리도록 했다. 매일매일 계속되는 이 고역을 견뎌내는 것이 참으로 힘겨웠다. 원강암이와 할락궁이는 눈물로 세수하며 하루하루를 견뎠다.

세월은 잘도 흘러 어느새 할락궁이도 열다섯 살이 되었다. 할락궁이도 이젠 자랄 만큼 자랐으니 집 안의 눈치를 대강 알게 되었다. 어느 날 할락궁이는 일을 하다 더 이상 참을 수 없다는 듯 일감을 내팽개치고 어머니한테 달려와 조근조근** 캐묻기 시작했다.

"우리 아버지는 누구우꽈? 우리 아버진 어디 갓수과? 말해줍서."

• **노념놀이** (아이들의) 놀이
•• **조근조근** 차근차근. 제주어로 '즈근즈근'이라고 표기한다.

원강암이가 대답했다.

"제인장자가 너희 아버지 아니냐!"

"정말로 제인장자가 우리 아버지우꽈?"

"맞다."

"정말이우꽈?"

할락궁이는 입을 굳게 다물고 묵묵히 서 있다가 휙 몸을 돌려 나갔다.

몇 시간이 지났을까? 할락궁이가 어디 가서 해왔는지 마른 나뭇가지 한 묶음 내려놓으며 원강암이에게 말했다.

"어머님아, 지들커* 허영 와시난 콩이나 흔돼** 보까줍서**."

"나한테 콩이 어디 이시냐?"

"콩 담아난 멱서리라도 털어보민 흔돼는 나오고도 남을 거우다."

아들의 간청에 할 수 없이 어머니는 멱서리를 털어 콩 한 되를 겨우 모았다. 그걸 가마솥 뚜껑에 놓고 볶기 시작했다. 한참 볶노라니 할락궁이가 급히 달려오며 올레에 누가 와 부르니 어서 나와보시라고 한다. 볶던 콩을 놓아두고 어머니는 얼른 나가 보았다.

아무도 없었다. 무슨 일이 일어날 것만 같은 예감이 들었다.

할락궁이는 콩 젓던 주걱을 정지** 방석 아래로 얼른 감추고 어머니를 불렀다.

"어머님아, 어머님아, 콩이 몬딱 캄시메 흔저[••••] 왕 저십서[•••]."

어머니가 주걱을 못 찾아 이리저리 헤매고 있으려니까 할락궁이가 다급하게 말했다.

"아이고 어머님, 콩 몬딱[••••] 캄수게. 손으로라도 흔저 저십서."

하도 급히 서두르는 바람에 원강암이는 손으로라도 콩을 저으려고 했다. 순간 할락궁이는 어머니 손을 꼭 눌렀다.

"어머님아, 어머님아. 이제도 바른 말을 못 허쿠과? 아버지 간 디 말해줍서"

원강암이가 소리를 질렀다.

"아이고, 이 손 놓으라. 알앗저. 말해주마."

원강암이는 이제 때가 되었다는 것을 깨달았다. 그래서 지금까지 있었던 일을 콜콜히 털어놓았다.

• **지들커** 땔깜
•• **흔뒈** 한 되
❖ **보까줍서** 볶아주세요
❖❖ **정지** 부엌
❖❖• **흔저** 어서, 빨리
❖❖❖ **저십서** 저으세요
❖❖❖• **몬딱** 모두

"느네 하르방은 김진국대감이요, 느네 외하르방은 임진국대감이여. 나는 원강암이인디 너 가졌을 때 너네 아방이 서천꽃밭 꽃감관 살러 오랜허연 나도 따라나삿단 발병이 나서 더 걸을 수가 엇이난 제인장자한테 나를 종으로 팔아두고 가랜 허엿저."

"게난 우리 아버지가 서천꽃밭 꽃감관이랜 헌 말이우꽈?"

"기여."

"근거가 될 본메라도 가지고 잇수과?"

원강암이는 사라도령이 주고 간 얼레빗 반쪽을 아들에게 넘겨주었다.

얼레빗 반쪽을 받은 할락궁이는 아버지를 찾아가겠다고 했다.

"어머님아, 내일 아버지를 찾아 갈거난 장자집 모물 멱서리를 털엉 모물 범벅 세 덩이만 소금 팍 넣엉 짠짠하게 만들어줍서."

"알앗저."

원강암이가 서둘러 메밀 장막을 털어서는 메밀 범벅 세 덩이를 만들어주었다.

할락궁이는 아버지가 두고 간 얼레빗 반쪽과 메밀 범벅 두 덩이를 가지고 어머니와 작별했다.

이른 새벽, 아무도 몰래 집을 떠나는데 장자집 개가 먼저 알고 쫓아오기 시작했다. 먼 문밖에 나서니 먼저 천리둥이가 짖으며 쫓아왔다. 천리를 달리는 날쌘 개다.

할락궁이는 얼른 메밀 범벅 한 덩이를 잡아 던졌다. 천리둥이가 쫓기를 멈추고 범벅을 먹으니 너무 짜서 목이 말랐다. 그래서 물을 먹으러 달려갔다. 천리둥이가 물을 먹는 새에 할락궁이는 천리를 뛰어갔다.

이번엔 천리둥이보다 더 빠른 만리둥이가 뛰어오는 게 아닌가. 할락궁이는 메밀 범벅 남은 한 덩이를 내던졌다. 만리둥이도 메밀 범벅을 먹느라 잠시 멈추었다. 범벅이 목구멍으로 들어가니 어찌나 짠짠한지 만리둥이는 타들어가는 목을 세우며 캉캉 짖었다. 만리둥이도 쫓기를 멈추고 물을 마시러 가버렸다. 그 사이에 할락궁이는 만 리를 뛰어가고 수만 리를 지나갔다.

한참 가다 보니 무릎에 차는 물이 있어 그 물을 지나가고 또 한참을 가다 보니 잔등이에 차는 물이 있어 그 물을 넘어갔다. 또 한참을 가다 보니 목까지 차는 물이 있어 그 물을 넘어갔다.

물을 넘고 또 넘어가니 마침내 서천꽃밭이 보였다.

할락궁이는 먼저 서천꽃밭의 동정을 살피기로 했다. 서천꽃밭 입구에는 커다란 수양버들이 늘어졌고 그 밑에 맑은 연못이 있었다. 할락궁이는 수양버들 맨 윗가지에 올라 서천꽃밭을 바라보았다.

　서천꽃밭은 고요했다. 잠시 후에 꽃밭에선 궁녀들이 삼삼오
오 물동이를 이고 입구 쪽으로 걸어왔다. 꽃밭에 줄 물을 뜨러
연못으로 오는 것이었다. 할락궁이는 얼른 손가락을 깨물어 붉
은 피를 두세 방울 연못에 떨어뜨렸다. 핏방울이 물에 떨어지자
연못의 물은 삽시간에 말라버렸다.

　궁녀들이 다가와서 물을 뜨려고 하니 연못의 물이 말라 있었
다. 놀란 궁녀들이 위로 올려다보니 수양버들 윗가지에 웬 총
각이 매달려 있는 게 아닌가. 궁녀들이 꽃감관에게 달려가 아

뢰었다.

"수양버드낭 상가지에 무지럭총각*이 앚앙 풍운조화를 부렴수다."

꽃감관이 곧 밖으로 달려나와 수양버들 상가지를 올려다보았다. 거기에는 정말 총각놈이 앉아 있었다.

"너는 귀신이냐 생인이냐?"

"귀신이 어찌 대낮에 얼굴을 드러낼 수 이시쿠과? 난 산 사람이우다."

"넌 어디서 와시냐?"

"아버지를 찾아 왔수다."

"느네 아방이 누구냐?"

"우리 아방은 사라도령인디 꽃감관 살레 왔댄 헙디다."

사라도령이 놀라 총각에게 밑으로 내려오라 하고는 다시 물었다.

"너의 어멍은 누구고? 너 이름은 어떵 됨시냐?"

"우리 어머니는 원강암이고, 내 이름은 신산만산할락궁이가 되옵네다."

---

* **무지럭총각** 무지렁이 총각. 어리석은 총각

꽃감관이 반가워하며 말했다.

"너 본메본장 가져시냐?"

할락궁이가 내놓은 것을 보니 얼레빗 반쪽이었다. 꽃감관은 자신이 가지고 있는 반쪽하고 맞대어보았다. 빈틈없이 맞았다. 사라도령은 아들의 손을 잡았다.

"내 자식이 분명허다. 나를 찾아올 때에 무릎을 치는 물이 엇어냐?"

"이십디다"

"그것이 느네 어멍 초대김*받은 물이여."

"잔등 친 물이 엇어냐?

"이십디다."

"그것이 느네 어멍 이대김 받은 물이여."

"목까지 치는 물은 엇어냐?"

"이십디다."

"목까지 치는 물은 느네 어멍 삼대김 받은 물이여. 너의 어머니는 제인장자에게 아들을 어디로 빼돌렸냐고 추궁을 당허당 숨이 끈어져시난 어서 가서 살리도록 허라."

---

* **초대김** 첫 번째 다짐

할락궁이는 아버지 말을 듣고 어머니가 이미 장자에게 고문을 받고 돌아가셨다는 것을 알았다. 아버지는 서천꽃밭에 있으면서도 모든 일을 다 알고 있었던 것이었다.

난생 처음 만나는 부자상봉이지만 정담을 나눌 겨를도 없었다. 아버지는 곧 할락궁이를 데리고 서천꽃밭으로 갔다. 널찍한 꽃밭엔 이름 모를 꽃들이 난만하게 피어 있었다.

"이건 사람을 죽여 멸망시키는 수레멸망악심꽃이여, 이건 죽은 사람을 다시 살려내는 환생꽃이여, 이건 웃음이 터지게 하는 웃음웃을꽃이여."

사라도령은 아들에게 하나하나 설명하면서 그 꽃들을 따 주었다. 어서 바삐 내려가서 어머니의 원수를 갚으라는 것이다.

"이제 내려가면 제인장자는 죽이자고 달려들거여. 경허난 일가친족을 다 모아놓으면 할 말이 있다고 허라."

사라도령은 아들에게 일가친족 앞에 웃음웃을꽃을 먼저 뿌리라고 가르쳐줬다. 한참 웃음이 벌어지거든 다음에 싸움싸울꽃을 뿌려 친족 간에 패싸움을 일으키고 그다음에 수레멸망악심꽃을 뿌려 원수를 갚으라는 것이다.

"제인장자의 작은딸만은 살려두엇당 어머니 죽은 데를 찾아내게 허라. 어미 시신을 찾거든 이 환생꽃을 뿌령 다시 살려내라."

서천꽃밭의 꽃들을 받아 쥔 할락궁이는 아버지와 이별하고 제인장자네 집으로 돌아왔다.

제인장자는 할락궁이를 보자마자 죽일 판으로 달려들었다.

"여봐라, 저놈을 묶엉 나무에 매달아놓으라."

할락궁이가 다급하게 소리쳤다.

"나가 죽는 것은 소원이 엇수다마는 먼저 삼당 외당 친척들을 다 불러줍서. 할 말이 잇수다. 이 소리 안 들으민 집안이 망허고 평생 후회헐 거우다."

"어서 걸랑 그리 허라."

제인장자가 하인들을 시켜 일가친척들에게 기별을 알렸다. 기별을 받은 일가친척들이 다 모여들었다. 할락궁이는 그들에게 웃음웃을꽃을 사방으로 뿌려댔다. 그러자 일가친족들이 뒹굴어가며 웃으니 집 안이 온통 웃음판이었다.

이번엔 싸움싸울꽃을 사방에 뿌려버렸다. 그러자 곧바로 웃음판이 싸움판으로 바뀌었다. 거기에 수레멸망악심꽃을 뿌려놓았더니 일가친족이 모조리 죽어갔다.

막내딸이 발발 떨면서 할락궁이의 옷소매를 부여잡고 애원했다.

"날랑 살려줍서."

"게건 널랑 살려주커메 우리 어머님 죽여다 데꺼분 디*ㄱ르 치라."

"어서 걸랑 경 헙서."

제인장자의 막내딸은 할락궁이를 데리고 동백나무 아래로 갔다. 제인장자는 원강암이의 머리는 끊어 청대밭에 던져놓고 잔등이는 끊어 흑대밭에 던져놓고 무릎은 끊어 푸른 띠밭에 던져놓았던 것이다.

할락궁이가 주변을 살펴보니 어머니는 벌써 살이 썪어 뼈만 살그랑하게 남아 있었다. 할락궁이는 어머니의 뼈를 차례차례 모아놓고 환생꽃을 뿌렸다.

"아이고 봄 잠이라 오래도 잣저."

머리를 긁으며 어머님이 일어났다.

그때 원강암이를 대밭, 띠밭에 죽여 던졌던 법으로 오늘날도 굿을 할 때, 대 한 줌, 띠 한 줌을 두 손에 들어 이를 수레멸망악심꽃이라고 한다. 그리고 이 꽃은 갖은 사악한 재해를 준다고 말한다.

할락궁이는 어머니가 죽었던 그 자리에 제인장자 막내딸을

---

*데꺼분 디 던져버린 곳

죽여 묻어두었다. 그러고는 어머니를 모셔 서천꽃밭으로 들어
갔다. 할락궁이는 아버지를 상봉하고 꽃감관 자리를 물려받아
잘 살았다.

신화, 펼치기

꽃감관 이공에 대한 이야기

이공본풀이는 환상과 신비의 꽃밭인 서천꽃밭을 지키는 꽃감관 이공에 대한 이야기이다. 그리고 꽃에 대한 신화이기도 하다. 신화 속에서 제주인들은 꽃으로 사람을 살려내기도 하고 죽음에 이르게도 한다. 꽃으로 사람의 삶과 죽음의 경계를 갈랐던 것이다.

제주신화 이공본풀이는 사라도령과 원강암이가 태어나 구덕혼사를 맺으면서 이야기가 진행된다. 구덕혼사란 구덕에 아기를 눕히고 흔들 때부터 혼사를 맺었다는 것이다. 제주에서는 대나무로 만든 바구니를 구덕이라고 한다. 쌀이나 떡을 구덕에 넣고 제삿집에 가기도 하고, 제물을 구덕에 넣고 등에 져서 신당에 가기도 했다. 아기 요람도 구덕이라 했다. 대나무로 아기가 누울 수 있을 정도로 넓고 길게 만들어서 흔들며 아기를 재웠다. 그리고 밭일 갈 때도 아기 구덕을 가지고 가서 재워놓고 일을 했다. 그래서 구덕은 제주생활에 없어서는 안 될 요긴한 물건이다.

사라도령과 원강암이는 구덕혼사로 부부가 되었는데, 사라도령이 서천꽃밭 꽃감관직을 수행하러 떠날 때 임신한 원강암이가 따라나선다. 하지만 험한 길 더 이상 걸을 수 없게 되자 천하거부 제인장자에게 종으로 팔아두고 가라고 한다. 원강암이는 아들 할락궁이를 낳지만 제인장자의 고문으로 죽게 되고, 할락궁이는 원수를 갚고 서천꽃밭에 들어가서 아버지에 이어 꽃감관이 된다.

'감관'은 요즘 잘 쓰지 않는 용어인데 원래 '재판관'이란 의미의 직책이었다. 고광민의『제주 생활사』에 따르면, 제주의 옛마을에는 '감관'이라는 직책을 가진 사람이 있었다고 한다. 소와 말을 많이 방목했던 중산간 마을의 경우 소와 말이 농사짓는 밭에 들어와 곡식을 먹어버리는 일이 종종 발생하기도 하고, 먹고 살기 힘든 사람들에 의해 생계형 범죄가 일어나기도 했다. 그래서 감관은 목축지와 농경지를 감시하는 일꾼을 거느리고 있으면서 주로 농경지에서 부정한 일을 저지른 죄인들을 다스렸다.

예를 들어, 방목하고 있던 소가 수확기에 이른 남의 밭에 들어가서 곡식을 먹어버리면 감관이 재판을 하여 소 임자로 하여금 밭주인에게 얼마를 변상하라고 판결을 내렸다. 예전에 제주 마을에는 '감관'이라는 재판관을 두어 시빗거리가 생기면 시시비비를 가려 판결을 내리게 했던 것이다.

이런 의미에서 이공본풀이의 꽃감관은 서천꽃밭을 지키는 재판관이라고 할 수 있다. 서천꽃밭의 꽃은 사람을 살릴 수도 있고 죽일 수도 있으니 어떤 이에게 어떤 꽃을 쓸 것인가를 판단하는 일은 매우 중요한 일이다. 꽃감관은 심부름하는 궁녀인 신소미를 시켜 꽃을 잘 가꾸게 감독하는 일도 하지만, 꽃을 써야 하는 일이 생겼을 때 시시비비를 가려 그에 맞는 꽃을 내리는 판결을 했을 것이라 생각할 수 있다.

원강암이와 고리동반 떡

아이를 가져 몸이 무거운 원강암이는 왜 남편을 따라나섰을까? 집에 편안하게 있으면서 남편을 기다렸다면 모진 고초를 겪지도 않고, 죽임을 당하지도 않았을 텐데 말이다. 이렇게 한 치 앞도 내다보지 못하는 모습은 흔히 말하는 우리들 '어리석은 중생'을 닮았다. 그런 의미에서 원강암이는 과오를 저질러 불행에 빠지고 후회하곤 하는 우리 인간들의 모습을 담고 있는 인물이라 할 수 있다.

본풀이 속에서 원강암이는 제인장자에게 모진 고초를 겪다가 죽게 되고, 몸뚱이는 세 갈래로 끊어져 버려진다. 어머니 원강암이가 제인장자에게 고문당하던 과정을 '무릎에 차는 물, 잔등에 차는 물, 목까지 차는 물'로 나타내고 있다. 물은 고통의 눈물을 의미한다. 고통의 눈물이 목까지 찼을 때 마침내 숨이 끊어지게 되었던 것이다.

'무릎에 차는 물, 잔등에 차는 물, 목까지 차는 물'은 가난하고 억울한 이들의 피눈물 나는 인생고초를 상징하는 대목이기도 하다. 그래서 제주의 굿에서는 원강암이의 죽음을 상징하는 '고리동반' 떡을 만들어 고통으로 병을 얻은 이의 머리와 눈, 귀 등 온몸에 가져가 대면서 병을 내쫓는 의식을 행한다.

고리동반떡

　원강암이의 죽음을 상징하는 고리동반 떡은 '전상떡'이라고
도 한다. 칠머리당영등굿 보존회 회장 김윤수 심방에 따르면,
'전상'은 몸이나 마음의 병을 뜻한다고 얘기한다. 그리고 큰굿
의 '제오상계'에서 고리동반 떡을 들고서 "전상떡"이라 하면서
환자의 온몸에 대고, "전상이여 만상이여" 하면서 전상을 밖으
로 내쫓는다고 한다. 제오상계는 굿판의 부정을 정화하는 굿 제
차이다.

　김윤수 심방은 고리동반떡이 동백나무 아래서 푸른 댓잎에
매어 죽여버린 원강암이를 상징한다고 하면서, 떡을 만드는 과
정을 설명하고 있다.

고리동반을 만들 때 보면, 방석같이 넓은 떡이 있고, 방울떡이 일곱 개 들어갑니다. 방석은 어떠한 것을 의미하냐면 어머니가 그 자리에 앉아서 죽었기 때문에 그 자리의 흙을 파서 고리동반의 방석떡을 만들었죠. 방울떡 일곱 개는 (……) 아기들의 번성을 의미하지요. 그래서 일곱 개 방울떡이 열네 개 들어가는 거고, 또 방울떡에다 댓잎을 꽂아서 빙 두른 것은 원강암이가 청대섭에 목을 걸어 죽었던 것을 의미하지요. 고리동반 너울지는 앉은 채로 죽은 원강암이의 시신 위에 거미줄이 막 엉켜 덮었던 형체를 나타내지요. 그러니 거기 제일 위 꼭지에서 보면, 동백나무를 가운데 찔렀는데, 동백나무로 가운데를 찌른 게 원래 형태지요. 왜 그러냐면 원강암이가 동백나무 아래 앉은 채 죽었기 때문이지요. (문무병, 『설문대할망의 손가락』, 알렙)

이공본풀이에는 서천꽃밭에서 따온 여러 꽃으로 환자를 살려내기도 하고 죽음에 이르게도 한다. 따라서 이공본풀이는 고통 속에서 죽어간 원강암이 이야기와 사람을 살려내기도 하고 죽음에 이르게도 하는 꽃의 신화를 통해서 현실세계에서 고통을 당하는 사람들을 위로하고 치유하는 신화라고 할 수 있다.

심방은 굿을 통하여 아픈 사람을 낫게 하고 살려내는 의식을 행한다는 점에서 무속인이면서 또한 의사이기도 하다. 그런 의미에서 볼 때, 큰굿의 제차 속에서 이공본풀이와 이공맞이가 차지하는 비중은 크다고 할 수 있다. 민속학자 문무병은 『설문대할망의 손가락』에서 "심방은 꽃의 신화 이공본풀이를 풀고, 본풀이를 근거로 초·이공맞이, 불도맞이 등의 굿을 하여 서천꽃밭으로 가는 꽃길을 닦고, 저승 서천꽃밭에 가서 목숨을 살려내는 생명꽃, 자손을 번성케 하는 번성꽃, 죽은 사람을 살려내는 환생꽃을 따다가 환자를 죽음에서 건져내는 것이다"라고 얘기하고 있다.

굿을 하는 심방은 이공본풀이를 가창하면서 서천꽃밭으로 가는 꽃길을 닦는다. 그러고는 서천꽃밭으로 가서 목숨을 살려내는 환생꽃을 꺾어 와서 환자의 병을 낫게 하고, 자손을 번성하게 하는 번성꽃을 꺾어와 집안의 자손이 번성하도록 기원하는 것이다.

이때 심방이 들고 있는 꽃은 동백꽃이다. 겨울의 끝자락에 매서운 바람을 뚫고 빨갛게 피어난 동백꽃은 신화에서 '생명꽃, 환생꽃, 번성꽃'을 의미한다고 한다. 그래서 심방이 굿을 할 때 아이를 낳게 하거나 아이를 건강하게 자랄 수 있게 해달라고 기원하면서 항상 동백꽃을 드는 것이다.

송당본향당에 있는 눈 속에 피어난 동백꽃

　서천꽃밭에는 이렇게 사람을 살려내고 번성하게 하는 꽃만
있는 것이 아니라 사람을 죽이는 꽃들도 있다. 할락궁이는 제인
장자의 일가친척을 모아놓게 하고 웃음꽃을 뿌려 웃음판을 만
든 후 싸움싸울꽃을 뿌려 패싸움을 벌이고, 수레멸망악심꽃을
뿌려 모두 죽게 만든다. 나아가 제인장자의 막내딸에게 어머니
가 죽은 곳을 물어 알아낸 후에 죽여버리고 만다. 당사자들뿐만
아니라 일가친척까지 죽이고 어머니가 죽은 곳을 알려주며 살
려달라는 막내딸까지 죽임으로써 복수는 철저하게 이루어진다.

굿에서 수레멸망악심꽃을 꺾는 장면

이공본풀이 속에 나오는 철저한 복수에 대하여 김순이는『제주신화』에서 다음과 같이 말하고 있다.

악인에 대한 징치(懲治)가 악을 행한 당사자에게만이 아니라 그 혈족 모두에게 행해진다는 엄중한 경고를 하고 있다. 악의 창궐을 수수방관하고 막지 않음도 죄가 된다는 것이다. 한 사람이 부당한 처사를 행할 때 일가친척은 물론 이웃 사람들도 마땅히 그를 제지해야 하며 억울한 피해자가 생기는 일이 없도록 적극적으로 삶에 임해야 한다는 메시지를 할락궁이의 통렬한 복수를 통해서 말하고 있다.

다른 한편으로, 이렇게 철저하게 복수하는 이야기가 현실에서 억울하고 당하고만 살아야 하는 사람들에게 위로가 되지 않았을까 생각해본다. 부와 권력을 가지지 못한 수많은 사람들은 현실에서 억울한 일을 많이 당하지만 대부분 억울함을 갚거나 풀지도 못한 채 살아간다. 그렇게 풀지 못한 억울함은 가슴 속에 새겨져 한이 되는 것이다. 그런데 굿에서 악을 행한 이들에게 가차 없이 철저하게 복수를 행하는 본풀이가 이야기되고 또 이야기되는 과정에서 감정이 이입되면서 가슴에 맺힌 한이 풀어지는 것이다.

제주신화 속 서천꽃밭

제주에는 이공본풀이 외에 다른 신화에서도 서천꽃밭 이야기가 많이 나온다. 천지왕본풀이에서 대별왕과 소별왕이 서천꽃밭에서 꽃씨를 타다가 꽃 피우기 경쟁을 한다. 세경본풀이에서는 자청비가 서천꽃밭에서 꽃을 따다가 정수남이와 남편 문

도령을 살려내기도 한다. 그 외에도 '삼승할망본풀이'나 조상본
풀이인 '양씨아미 이야기'에도 서천꽃밭이 등장한다.

서천꽃밭은 저승에 있는 꽃밭이다. 이곳에는 삶과 죽음을 가
르는 신비의 주술꽃들이 자라고 있다. 사람을 살리고 번성하게
하는 생명꽃, 번성꽃이 있는가 하면, 재앙을 내리고 사람을 죽
이는 수레멸망악심꽃도 있다. 그리고 이공본풀이에 나오는 것
처럼 웃음을 그치지 않게 하는 웃음웃을꽃이 있고, 세경본풀이
에 나오는 것처럼 살이 생기는 살살이꽃, 피가 생기는 피살이
꽃, 죽은 사람을 살리는 도환생꽃도 있다.

아름답고 신비로운 서천꽃밭을 가꾸는 이들은 하늘나라의
신소미, 즉 선녀들이다. 이 선녀들은 열다섯이 되기 전에 죽은
착하고 불쌍한 처녀들이라 한다. 그만큼 서천꽃밭은 신성한 곳
으로 부정한 사람은 절대 들어갈 수 없는 곳이다.

멜라지다 : 허물어지다. 무너지다

예시 태풍에 지붕이 멜라져불언마씸. → 태풍에 지붕이 무너져버렸어요.

종에 : 종아리

예시 하영 걸으난 종에 막 아픈거 닮다. → 많이 걸어서 종아리가 많이 아픈 것 같다.

글라 : 가자

예시 혼저 글라. 늦으키여. → 어서 가자. 늦겠다.

곱지다 : 감추다

예시 어디사 곱져부러신디사 츠즐 수가 어신게마씸.
 → 어디에 숨겨버렸는지 찾을 수가 없습니다.

국시 : 국수

예시 그 집 죽은아덜 결혼허염댄. 강 국시나 먹엉 오게.
 → 그 집 작은아들 결혼한다고 해. 가서 국수나 먹고 옵시다.

귀마구리 : 귀 먹은 사람

예시 귀마구리라? 무사 경 못 알아들엄서?
 → 귀가 먹었니? 왜 그렇게 못 알아듣고 있어?

곧다 : 말하다

예시 곧당 보난 어디레 가 부러서? → 말하고 있는데 어디로 가버렸니?

늘싹이 : 펑퍼짐하게 퍼진 모양

예시 그 집 아주망 늘싹이 드러누워서. → 그 집 아주머니 축 늘어져서 드러누웠어.

부름 : 바람

예시 부름이 막 세쿠다. → 바람이 아주 세겠습니다.

산디 : 밭벼

예시 제주엔 산디를 키왓주. → 제주에는 밭벼를 재배했지.

2장

사랑을 쟁취하고 농경신이 된 자청비

세경본풀이는 농경신인 자청비에 관한 신화이다. 자청비라는 여인이 자신의 사랑을 찾아 변화무쌍한 삶의 여정을 거치게 되고 마침내 사랑의 결실을 맺었다. 자청비는 오곡의 씨앗을 가지고 지상으로 내려와 곡식을 뿌리고 거두게 하는 농경신으로 좌정하였다.

세경본풀이

옛날 옛적에 김진국 대감과 자지국 부인이 부부가 되어 살았다. 부부는 너른 전답에 소출도 많고 재산이 넉넉하여 머슴들을 부리면서 와라차차 기와집에서 남부럽지 않게 살았다. 그런데 나이 오십이 다 되도록 자식이 없어 너른 집 마당은 휑하니 바람이나 지나갈 뿐 조용하기 그지없었다. 부부는 서로 얼굴 보며 늘어나는 게 한숨이라 언제 웃어봤는지 기억도 나지 않았다.

하루는 대감이 올레 밖 삼거리 팽나무 그늘에 앉아 장기를 두고 있는데 어디선가 자지러지게 웃는 소리가 들렸다. 대감은 무슨 기쁜 일이 있는지 궁금하여 장기를 두다 말고 일어섰다.

가만가만 웃음소리를 따라 걸어가보니 나무 돌쩌귀에 거적문을 단 움막이 하나 보였다. 대감은 슬며시 거적문을 걷어 안을 들여다보았다. 그러자 거지 부부가 아기를 안고 어르면서 웃고 있는 게 눈에 들어왔다.

거지 부부는 대감이 엿보고 있는 것을 아는지 모르는지 한참 아기의 재롱을 보며 웃음꽃을 피웠다. 그러다 문득 생각이 났는지 김진국 대감 이야기를 꺼냈다.

"아이 하나 어신 김진국 대감은 무슨 낙으로 살암신고?"

"게난* 말이우다. 영** 곱닥헌 아기 한 번 안아보지도 못하고. 에고, 안 되엇저. 재산이 아멩*** 하도**** 물려줄 조식 하나 엇이난 그것도 불쌍한 인생이우다."

주거니 받거니 거지 부부가 자신의 이름을 들먹이자, 대감은 얼굴이 벌게져서 거지 움막에서 몸을 돌렸다. 누가 볼세라 허둥지둥 걸어나오는데 식은땀이 얼굴 위로 흘러내렸다.

---

* **게난** 그러니까
** **영** 이렇게
*** **아멩** 아무리
**** **하도** 많아도

대감은 집으로 들어오자마자 방으로 들어가서 이불 뒤집어 쓰고 드러누워버렸다.

"돈이 하민 뭘 헐 거라. 밧이 하민 뭘 헐 거라. 천하의 부자로 살아도 주식 하나 어신 신세, 거지 부부한테 조롱이나 받으멍 사는 것이 원통허구나."

부인이 정성껏 밥상을 차려 방으로 들어갔지만 대감은 돌아누운 채 일어나지도 않았다.

"대감, 무신 일로 영 햄수과? 밖에 나갓다 못 볼 꼴이라도 봣수과?"

그 말끝에 대감이 돌아누우며 한탄했다.

"저기 거지 부부도 아기 어르멍 웃어간다 웃어온다 햄신디 나는 웃을 일 하나 엇이 난 밥 먹엉 뭐 헐 거라. 먹고 싶은 마음이 생겨사 숟가락이라도 들어보주."

부인은 송구하여 고개를 숙이며 한숨을 쉬었다.

하루는 스님 한 분이 시주 받으러 대감 집 대문 안으로 들어섰다.

"소승 뵈옵네다."

여종 느진덕정하님이 나와 여쭈었다.

"어느 절 대사우꽈?"

"어느 절 대사랄 게 잇수과. 동개남 은중절의 대사님은 부처님을 지키고 소승은 소사 됨수다."

"소사께서 여긴 어떵헌 일이우꽈?"

"절이 낡아 시주 받아당 절을 수리허고, 대신 수명이 짧은 사름 수명도 늘려주고, 복이 엇는 자손 복도 내려주젠 해서 오랏수다."

느진덕정하님이 스님의 말을 전하자 대감은 쌀을 넉넉하게 드리라고 분부했다.

"어서 들어와 시주 받으십서."

스님이 기뻐하며 자루를 내밀었다.

"높이높이 들엉 조심조심 시르르시르르 비우십서. 한 방울이라도 떨어지면 목숨줄도 떨어지고 복도 같이 달아나는 법이우다."

시주를 받은 스님이 댓돌 아래로 내려서서 나가려고 하자 김진국 대감이 불렀다.

"스님, 어떵* 남의 쌀을 공으로 받고 가젠 햄수과? 오행팔괘(五行八卦) 사주(四柱) 책이라도 잇이민 사주나 봐주십서. 우리

---

* **어떵** 어찌하여

부부 오십이 다 돼가도 슬하에 자식 하나 엇이난 혹여 자식이 생길 수 이실지 봐줍서.”

대감의 요청에 스님은 사주 책을 내놓고 한 장 두 장 걷어보다가 공손히 아뢰었다.

“대감마님, 우리 절이 영험이 좋으난 시주 넉넉히 해영 석 달 열흘 불공을 드려 보십서. 남녀 간에 자식이 하나 생길 듯 허우다.”

김진국 대감의 얼굴이 확 펴졌다.

“그 말이 정녕 사실이오? 자식만 얻을 수 있다면야 시주가 문제겠소? 내 시주 넉넉히 해영 올리고 우리 부부 석 달 열흘간 정성으로 부처님 전에 불공을 드리쿠다.”

옆에서 듣고 섰던 부인은 벌써 나갈 채비를 한다고 마음부터 바빠졌다.

부부는 시주할 물건을 넉넉하게 준비하고 동개남 은중절로 올라갔다. 절에 다다른 부부는 먼저 몸과 마음을 깨끗이 가다듬고 불공을 드리기 시작했다. 대사는 목탁을 치고 소사는 바랑을 치면서 아침, 점심, 저녁 하루 세 차례씩 불공을 이어나갔다.

어느덧 석 달 열흘이 지났다. 백일이 되는 날 절의 대사가 그간 부처님께 올린 시주를 법당에서 달아보도록 했다. 대추나무

저울로 달아보는데 아흔아홉 근이 되었다.

대사는 아쉬워하는 표정으로 말을 했다.

"대감님, 백 근이 차시믄 아덜이 탄생헐 거신디 한 근이 모자라난 뚤이 태어날 것 닮수다. 어서 돌아가서 합궁일을 받앙 천상배필 맺으십서."

"아덜도 좋수다. 뚤도 좋수다. 뚤이든 아덜이든 다 좋수다. 누구라도 우리 부부한테는 귀한 자식이우다."

집으로 돌아온 대감 부부는 합궁일을 고르고 천상배필을 맺었다.

과연 그날부터 태기가 있더니 열 달을 채운 뒤 아기가 태어났다. 앞이마엔 해님, 뒤 이마엔 달님, 두 어깨엔 샛별이 오송송 박혀 빛나는 어여쁜 여자아이였다.

부부는 볼수록 예쁘기만 한 아기를 어르느라 시간 가는 줄 몰랐다. 딸아기가 한두 살이 지나고 세 살이 되자 부인이 아기를 안고 말했다.

"대감님, 이제 아기 이름을 지어사쿠다."

"경허믄 우리 뚤아기 이름이나 지어보카? 우리 아기는 우리가 그리 소원하고 자청(自請)해서 태어나시난 자청비라 지읍시다."

"경허게 마씸. 뜻도 좋고 부르기도 좋은 이름이우다. 자청비,

참으로 딱 좋수다."

자청비는 부모께 어리광부리고 예쁜 짓만 골라 하면서 한 달 두 달 지나고, 다섯 살 여섯 살 지나더니 어느덧, 열다섯 어여쁜 아기씨가 되었다.

딸자식을 애지중지 아끼던 대감은 자청비를 위해 별당을 세 채나 지어주었다. 자청비는 여름에는 바람 시원한 언덕 위 별당에서 지내고, 봄과 가을에는 온갖 꽃들로 둘러쌓인 우영팟* 별당에서 지냈다. 그리고 겨울에는 햇살 따뜻한 언덕 아래 별당에서 시간을 보내곤 했다.

하루는 자청비가 시원한 언덕 위 별당에서 놀다가 문득 비단을 짜는 하녀 느진덕정하님의 손을 보았다. 하녀의 손이 새하얗게 고와 보였다.

"느진덕정하님아, 넌 어떵허연 경 손이 하얗게 고와지느냐?"

느진덕정하님이 빙긋이 웃으며 대답했다.

"우리 아기씨는 참말로 아무것도 모르는 상전님이로고. 아기씨 상전님아, 주천강 연내못에 강 빨래를 해봅서. 맨날맨날 빨

---

* **우영팟** 텃밭

래를 허당 보민 영 손이 고와집니다."

자청비가 기뻐하며 벌떡 일어섰다.

"그게 정말이냐? 그럼 당장 빨래하러 가야키여. 빨래할 서답*
이나 찾아보라."

자청비는 아버님 방에 달려가 아버님 입던 옷 내어놓고, 어머
님 방에 달려가 어머님 입던 옷 내어놓고, 자기 방으로 가 아기
때부터 입던 옷까지 거두어 내놓았다. 그것을 대바구니에 담아
놓고는 허리에 끼어 안았다. 자청비는 콧노래 흥얼거리며 나풀
나풀 춤추듯 발걸음도 가볍게 주천강 연화못으로 빨래하러 소
곡소곡 내려갔다. 느진덕정하님은 그 모습이 예쁘기도 하고 우
습기도 해서 빙그레 웃고 말았다.

자청비가 빨래를 하겠다고 연못에 앉았는데 그때 마침, 하늘
옥황 문곡성의 아들 문황성 문도령이 노각성자부연줄을 타고
아랫마을 거무선생에게 글공부를 배우러 내려오고 있었다. 문도
령이 주천강 연내못에 다다랐는데 어여쁜 아가씨가 빨래를 하
고 있었다. 그 모습이 어찌나 예쁜지 발길이 떨어지지 않았다.

'정말로 고운 아기씨여. 내 소나이 된 마음으로 저리 고운 아
가씨를 내버려두고 어떵 지나갈 수 있으리오. 말이나 한 번 걸
어보고 가도 가사키여.'

문도령이 헛기침을 하며 자청비 옆으로 다가갔다.

"아기씨, 길 가는 선비 됨수다. 목이 마르난 물이라도 얻어 먹엉 목이나 축영 가게 해줍서. 물 한 바가지 떠주실 수 잇수과?"

자청비는 문도령을 올려다보고는 일어서 손을 탈탈 털며 말했다.

"도련님, 나는 빨래허레 온 사름인디 그릇이 잇어사 물을 떠줄 게 아니우꽈?"

"그건 그렇네."

문왕성 문도령은 허리춤에 차고 다니던 바가지를 건네주었다. 주먹만 한 조롱박을 잘라 만든 것이었다.

자청비는 건네받은 조롱박 바가지로 물 위도 삼 세 번 헤쳐간다, 물 밑도 삼 세 번 두드려간다 하면서 뜸을 드렸다. 그러더니 바가지에 물을 떠서는 버드낭** 이파리 하나 뜯어 물 위에 띄워 놓고 문도령에게 내밀었다. 바가지를 받아든 문도령이 물 위에 둥둥 떠다니는 버들잎을 보고는 얼굴을 찌푸렸다.

"아기씨, 얼굴을 보난 양반인디 마음 쓰는 걸 보난 어떵 고약

• **서답** 빨래
•• **버드낭** 버드나무. 제주에서는 나무를 '낭'이라고 한다

한 것이 얼굴과 속이 같지 못허우다. 물 위에 삼 세 번 헤치는
건 뭔 일이멍, 물 아래 삼 세 번 두드리는 건 또 뭔 일이우꽈?
경허고 물 위에 티라도 이시믄 건져주는 게 사람의 도리인디
고운 물에 버드낭 이파리 뜯어놓는 일은 또 뭔 심술이우꽈?"

자청비가 눈을 흘기면서 문왕성 문도령에게 자분자분 설명
을 하는데, 이건 이렇고 저건 저렇고 하는 말 족족 그른 말이 없
었다.

"하나는 알고 둘은 모르는 도련님이우다. 물 위에 삼 세 번 헤치는 건 물에 티라도 있을까 허는 거고, 물 아래 삼 세 번 두드리는 건 어느 강비리 버러지라도 올라왐시믄 아래로 가라앗아버리랜 허는 거우다. 경허고 물을 떠놓고 참버드낭 이파리 하나 뜯어놓아 드린 건 먼 길 오느라 목이 바짝 말라실건디 급히 받아먹당 체할 것 닮안 경 햇수다. 물에 체하민 약도 엇는 법이난 천천히 버들잎 호호 불어가멍 마시랜 허는 말입주."

문도령이 듣고 보니 제법 그럴듯하여 자청비가 더욱 예뻐 보였다.

'아기씨가 얼굴만 고운 것이 아니라, 속도 깊은 것이 분명헌 것 닮다.'

자청비는 조심조심 호호 불며 물을 마시는 문도령에게 넌지시 물어보았다.

"도련님은 어디서 온 누구우꽈? 지금 어디를 가시는 길인지 물어봐도 되쿠과?"

"네, 저는 하늘옥황 문왕성 문도령이 됩니다. 지금 아랫마을 거무선생께 글공부 가는 길이오."

자청비가 문도령을 찬찬히 살펴보는데 인물이 단정하고 눈빛이 깊은 것이 마음에 들었다. 게다가 거무선생께 글공부를 간다 하니 같이 글공부 하러 가고 싶은 생각이 불쑥 솟아났다.

"도련님, 우리 집에도 나랑 똑 닮은 남동생이 하나 이신디 마침 거무선생께 글공부 하러 가고 싶어 햄수다. 이름은 자청도령이라 하니 같이 벗하여 가는 것이 어떵허우꽈?"

조금이라도 자청비와 더 있고 싶은 문도령은 선선히 그러겠다고 대답하고는 자청비를 따라갔다. 자청비는 문도령을 올레 밖에 세워놓고, 안으로 들어가 젖은 빨래를 느진덕정하님에게 주며 널라고 시키고는 부모님 방으로 달려갔다.

"아버님, 어머님, 저도 삼천선비와 같이 글공부 허레 가고 싶수다."

대감이 펄쩍 뛰었다.

"계집아이가 글을 배워 뭣에 쓴단 말이고?"

어머니도 자청비 손을 잡으며 달랬다.

"이제 곧 시집 갈 나이 다 되어신디 밖으로 나돌아 댕기믄 안 좋은 소문만 난다. 경허난 그냥 집에서 살림이나 배우는 게 좋을 거 닮다."

자청비가 차분하게 부모님을 설득했다.

"아버님, 어머님, 늘그막에 뚤자식 하나 얻어신디 낼이라도 아버님 어머님이 세상을 떠나면 기일제사 때 축지방(祝紙榜)은 누가 쓸 거우꽈?"

그 말끝에 부모님이 뭐라 대답을 못하고 있는데 자청비는 계속해서 말을 이었다.

"나한테 어느 오라비가 잇수과? 어느 형제간이 잇수과? 그저 집안에 자식이라곤 나 하나 뻬이 엇인디, 여자라도 배워노민 다 써 먹을 데가 잇수다. 저라도 공부를 해서 축지방이나 쓰게 해 줍서."

자청비 말을 들은 대감의 마음이 움직였다.

"듣고 보난 그럴 듯한 말이여. 늘그막에 귀한 뚤자식 하나 얻엇더니 부모 기일제사까지 벌써부터 챙기젠 마음 씀구나. 기특 헌 일이로고. 경허믄 거무선생께 가서 글공부 하도록 허라."

부모님께 허락을 받은 자청비는 방으로 들어가 입었던 옷을 벗어두고 남자 옷으로 갈아입었다. 그러고는 책을 한 아름 안고, 붓도 몇 자루 감아쥐고는 부모님께 이별 인사드리는 둥 마는 둥 밖으로 뛰쳐나갔다.

올레 밖에 나가보니 문도령이 서성이며 기다리고 있었다. 자청비는 시침을 뚝 떼고 다가가 인사를 했다.

"처음 봅수다. 저는 주년국 자청도령인디 누님한테 말씀 잘 들엇수다."

"예, 저는 하늘옥황 문왕성 문도령이오."

문도령은 자청도령을 위아래로 훑어보며 고개를 가웃했다.

'아무리 남매지간이랜 허여도 영 닮을 수가 이신가? 자청도령도 곱상하니 아기씨라 해도 믿어지키여.'

문도령과 자청도령은 나란히 아랫마을 거무선생한테 갔다.

그날부터 둘은 서당에서 글공부 하면서 한솥밥을 먹고 한 이불에서 잠을 자면서 글동무 한 방 살이를 시작했다. 그렇게 하루 이틀 지나고 한 해 두 해 지나다 보니 아무래도 문도령 눈치가 이상했다. 자청비를 쳐다보는 눈이 예사롭지 않았던 것이다. 자청비는 무슨 대책이라도 세워야겠다고 생각했다.

며칠 고민하던 끝에 묘책이 하나 떠올랐다. 자청비는 은대야에 물을 떠다가 옆에 놓고 은수저 놋수저 걸쳐놓았다.

문도령이 그걸 보고 물었다.

"무사*은대야에 물을 떠노왕 수저를 걸쳐 놓암시냐?"

"글공부 올 때 우리 아버님께서 하신 말씀이, 은대야에 물을 떠당 옆에 놓고 은수저 놋수저 걸쳐놓으민 잠을 자되 수저가 털어지지 안 하게 자야 공부가 잘된다고 햇수다. 만일 수저가 떨어지게 잠을 자민 머리가 둔해정 공부가 잘 안 된댄 마씸."

---

* **무사** 왜

자청도령에게 공부가 밀리던 문도령이 귀가 솔깃해졌다.

"그게 정말이냐? 경허믄 나도 한 번 그리 해보카?"

문도령도 은대야에 물을 떠놓고 은수저 놋수저 걸쳐놓았다. 은대야를 옆에 놓고 조심조심 누워 잠을 자는데, 문도령은 수저가 떨어질까 걱정되어 잠을 제대로 잘 수가 없었다.

다음 날 아침, 삼천서당에 가서 앉았는데 눈꺼풀이 무겁게 내려와 눈을 제대로 뜰 수가 없었다. 그래서 선비들의 글 읽는 소리를 자장가 삼아 끄덕끄덕 졸다 보니 어느덧 글공부는 끝나 있었다.

자청비는 젓가락이 떨어지든 말든 아무 걱정이 없었다. 동쪽으로 돌아누워 한 잠, 서쪽으로 돌아누워 한 잠, 남쪽으로 북쪽으로 돌아누우며 달게 잘도 잠을 잤다. 그러니 다음 날 서당에 가 앉으면 몸도 개운하고 정신도 말짱하여 글공부가 잘될 수밖에 없었다. 눈을 초롱초롱 반짝이면서 하나를 들으면 열을 깨우치니, 자청비가 삼천선비 가운데 늘 장원이었다.

문도령이 약이 올라 투덜거렸다.

"같은 날 같은 시간에 왕, 한 선생한테 글을 배우고, 한솥밥을 먹으멍 한 이불에 잠을 자는디 자청도령은 늘 우등이고 나는 차츰 떨어지니 이런 분함이 어디 이실 거라."

문도령은 뭐 하나라도 꼭 자청도령을 이기고 싶었다. 그래서 작정을 하고 자청도령에게 시비를 걸었다.

"글공부는 너가 나을지 몰라도 다른 재주는 결단코 나보다 못헐 거여."

자청비가 웃음이 나오는 것을 애써 참으며 맞받았다.

"무슨 재주가 있다고 경 으스댐수과?"

"우리 오줌 갈기기 내기나 해보게. 멀리 갈기는 자가 이기는 거로 허는 거주."

자청도령이 여자인 것 같다는 생각이 불쑥불쑥 나던 차에 시험도 해볼 겸 해서 일부러 오줌 갈기기 시합을 내건 것이다.

순간 자청비는 가슴이 철렁했다.

'아이고, 이를 어떵허코? 이대로 여제인 걸 들키민 공부고 뭐고 끝장나는디…….'

심장이 내려앉는 것 같았지만 아무렇지도 않은 척 시치미를 떼며 자청비는 태연하게 응수했다.

"그럼, 경 해보게마씸."

대답은 해놓았으나 여자의 몸이라 난감했다.

문도령이 먼저 오줌을 갈기는데, 오줌이 여섯 발 반이나 날아갔다.

"나는 오줌이 덜 마려우난 가서 물이나 한 바가지 먹고 오쿠다. 조금만 기다려줍서."

자청비는 대뜸 말을 건네고 부엌으로 가는 척했다. 뒤껜으로 가 대나무 막대를 잘라다 바짓가랑이에 넣었다. 그리고 태연하게 돌아와 오줌을 갈겼는데 오줌이 열두 발 반이나 날아갔다.

문도령은 놀라 입을 다물지 못했다.

'저리 곱닥허게 생겨도 사내가 분명한 모양이여!'

문도령은 자청도령이 혹 여인이 아닌가 하는 그런 의심을 말끔히 지워버렸다.

어느 날 아침, 문도령이 마당에서 세수를 하고 있는데 하늘에서 봉황새가 날아와 머리 위를 맴돌았다. 그러더니 날개에 끼고 온 편지 한 장을 떨어뜨리고 날아갔다. 하늘옥황 아버지한테서 날아온 편지였다.

'아들아, 그간 삼 년 동안이나 공부했으니 이제 그만하고 돌아와 서수왕 딸아기한테 장가나 가도록 해라.'

편지를 읽어본 문도령은 방으로 들어갔다.

"자청도령, 난 이제 글공부 그만두고 돌아가사키여. 아버님께서 돌아와 서수왕 뚤아기한테 장가들라고 햄저."

자청비는 순간 가슴이 콱 막혔다. 잠시 할 말을 잊었던 자청비는 마음을 다잡으며 말을 했다.

"같이 공부하러 와서 이제껏 함께 지내신디 나 혼자 남아 공부하고 싶지 안 허우다. 경허난 나도 글공부 그만두고 돌아가사 쿠다."

둘은 스승님과 삼천선비들에게 하직 인사하고 나란히 집으로 향했다.

문도령과 같이 걸어가던 자청비는 곰곰이 생각해보았다.

'문도령하고 같이 가다가 아버님이 알게 되면 검은 댓잎에 목 떨어질 것 닮다. 아멩해도 문도령이영 떨어져 가는 것이 나으키여.'

자청비는 주춤주춤 문도령 뒤로 물러섰다. 그래도 이대로 헤어지고 싶지 않아 문도령 등짝만 하염없이 바라보았다.

자청비가 문도령 뒤를 따라가다 보니 샘물 옆에 흐르는 물따라 위쪽과 아래쪽으로 나란히 이어 만든 두 개의 물통이 보였다. 자청비는 문도령의 옷소매를 붙잡았다.

"문도령님, 우리 그간 삼 년 동안이나 공부를 같이 해신디 몸에 글 때가 얼마나 올라시쿠과? 여기서 목욕이나 같이 허멍 몸의 때를 벗기고 가게마씸."

"것사˚ 좋주!"

자청비는 위통으로 들어가고 문도령은 아래통으로 들어갔다. 자청비는 저고리만 벗고 씻는 둥 마는 둥 물소리만 내면서 문도령의 거동을 살폈다. 문도령은 위 아래로 홀딱 벗고는 동쪽으로 참방참방 서쪽으로 참방참방 헤엄까지 치면서 좋다고 시간 가는 줄 모르고 있었다.

자청비는 한숨을 쉬면서 버드나무 잎을 뜯어 글을 썼다.

"이 눈치 없는 문도령아, 멍청한 문도령아, 삼 년 동안 한 이불 속에서 같이 자멍도 여젠지 남젠지 구분도 못허나? 이 야속한 문도령아!"

자청비는 버들잎을 띄워 보내고는 저고리를 입자마자 부모님 계신 마을로 뛰어갔다.

버들잎은 두둥실 떠내려 와 문도령 눈에 띄었다.

"뭔 버들잎이 영 떠내려 왐신고?"

버들잎을 잡아보니 무슨 글이 써져 있었다. 문도령은 글을 읽고서야 정신이 번쩍 들었다.

"자청도령이 여제였단 말이라? 아, 경허고 보난 자청도령이 빨래하던 그 어여쁜 아기씨인 모양이여!"

그제야 문도령의 손이 떨리고 가슴은 벌렁탕 벌렁탕 방망이질을 했다.

• **것사** 그것도

"아이고, 아기씨가 안 보염져. 혼자 가븐 모양인디, 이대로 떠나불믄 다신 못 볼 것 아니라? 안 되키여. 빨리 강 붙잡아사주."

문도령이 서둘러 한쪽 가랑이에 두 다리를 끼워놓다가 휘청, 다른 쪽 가랑이 찾는다고 휘청 중심을 못 잡았다. 문도령은 웃옷을 찾아 대충 어깨에 걸치는 둥 마는 둥 하고 밖으로 뛰어나갔다.

자청비를 찾아 이리저리 둘러보니 벌써 저쪽 고개 너머로 자청비 머리통이 까마귀 날개 모양으로 메쪽메쪽* 보일 듯 말 듯 하고 있었다. 문도령은 양 주먹을 불끈 쥐고 내달렸다. 엎어질 듯 넘어질 듯하고 얼굴에선 땀방울이 비 오듯 흩뿌렸다.

달려가던 자청비가 문득 뒤돌아보니 문도령이 헐레벌떡 뛰어오고 있었다.

'지금 헤어지믄 다시 얼굴 보긴 힘들 거 아니라. 어떵허코? 삼 년 동안 한 지붕 아래서 같이 지내신디 아멩해도 문도령을 그냥 보내믄 안 될 것 닮다.'

헉헉거리며 올레에 들어서는 문도령 앞에 자청비가 딱 막아섰다. 문도령은 가쁜 숨을 몰아쉬다가 자청비 손을 잡으며 말했다.

"내가 아기씨를 몰라보다니 이런 무충함**이 어디 잇으리오. 아기씨, 참으로 미안하오."

자청비가 슬며시 손을 빼며 말했다.

"문도령님, 내가 여제의 몸으로 도련님 눈을 속연 죄송허우다. 잠시만 올레에 서 계시믄 아버님 어머님께 글공부 마치고 왔노라고 인사드리고 나서 조용히 모시러 오쿠다. 저의 집으로 가서 아픈 다리나 쉬시다 내일 아침 일찍 가는 것이 어떵 허우꽈?"

문도령이 반색하며 대답했다.

"네, 그리 허지요."

자청비는 아버님, 어머님께 글공부 마치고 왔노라고 인사를 드렸다. 그러자 어머니가 버선발로 뛰어나와 딸을 안으며 기뻐했다. 아버님도 더욱 의젓해진 딸을 흐뭇하게 바라보았다.

"그래, 삼 년 동안 조신하게 공부 잘허고 왔이냐?"

"예, 어머님, 아버님. 글공부 잘하고 이제 왔수다. 경헌디 아버님, 어머님께 드릴 말씀이 잇수다. 저하고 같은 서당에서 삼 년 동안 같이 글공부 한 선비 한 분이 저 올레에 서 이신디 먼 길 오느라 발은 콩고물 같이 붕물어 올랏수다. 해는 서산에 져서 갈 수가 엇이난 오늘 밤은 저하고 같이 지내고 낼 보내는 것

- **메쪽메쪽** 물체가 조금 나왔다 들어갔다 하는 모양
- **무충함** 둔함. 둔한 것을 무충하다고 한다.

이 어떵허우꽈?"

어머님이 눈을 가늘게 뜨면서 물었다.

"그 선비가 당연히 남제 아니라?"

"예, 남제우다."

"남제인데 네 방에 들이겠다는 말을 하는 거라?"

어머니가 정색을 하면서 그냥 손님방으로 들이라고 하는데, 아버님은 잠시 생각해보고는 헛기침을 하면서 넌지시 말했다.

"그 선비가 열다섯이 넘어시믄 내 방으로 들여보내고, 열다섯 아래면 그냥 너의 방으로 데령 들어가라."

자청비가 태연하게 대답했다.

"아직 열다섯 살이 안 되어 동생뻘 됩수다."

"경허믄 그냥 네 방으로 데려강 쉬게 허라."

자청비는 서둘러 방으로 들어가 남자 옷을 벗어버리고 여자 옷으로 갈아입었다. 열두 폭 비단치마에 저고리 둘러 입으니 고운 얼굴이 뽀얗게 빛이 났다.

자청비가 올레에 나가 문도령을 불러들였다. 열두 폭 치마저고리 둘러 입은 자청비를 보자 그 모습이 어찌나 고운지 문도령의 가슴이 출렁였다.

"도련님, 제 방으로 가게마씸."

문도령은 허둥지둥 자청비를 따라갔다. 대감과 부인이 있는 방 앞을 지날 땐 조심조심 눈치 주는 자청비 뒤를 바짝 붙어 걸었다. 두 몸이 한 몸 되고 두 발자국이 한 발자국 되어 두둥실 사르락 스쳐 지났다.

문도령을 자기 방으로 데려온 자청비는 병풍 안에 앉혀 놓고 저녁상을 차려서 같이 먹었다. 그러고는 이불을 펴서 편히 주무시라 일러놓고 밖으로 나왔다.

자청비는 별당에 나가 불을 밝히고는 베틀에 앉아 옷감을 짜기 시작했다.

문도령은 혼자 누워 자청비를 기다리는데 깊은 밤이 되어도 오지 않자 살짝 일어나 밖으로 나왔다. 이리저리 둘러보다 별당에 앉아 있는 자청비를 발견했다.

반가워 달려드는 문도령을 보고 자청비가 손사래를 쳤다.

"무사 나오셤수과? 아버님 어머님이 아는 날엔 푸른 댓잎에 목 떨어집니다."

문도령이 뭐라 말도 못 붙이고 방으로 돌아와 한숨을 쉬는데 자청비가 따라 들어오면서 물었다.

"도련님, 어떵허연 긴 한숨 쉬셤수과?"

"나는 이대로 너를 이별하고 갈 수가 엇구나."

그 말끝에 문도령이 자청비 손을 잡아끌며 이불 속으로 들어갔다.

둘이 삼 년 동안이나 눈 속이던 사랑을 이제야 풀었는가 싶었는데 어느새 새벽닭이 목을 들어 주지반반* 울어댔다.

"도련님, 벌써 날이 새엇수다. 어서 옷 갖춰 입고 하늘옥황으로 오르십서."

문도령이 옷을 입고는 자청비 손을 잡으며 말했다.

"자청비야, 내 꼭 다시 오마."

"언제 오시쿠과?"

문도령이 박씨 한 방울을 내어주었다.

"이 박씨 심엉 싹이 트고 자라 박이 열령 타게 될 때까지 꼭 오키여. 혹여 내가 아니 오면 죽은 줄 알라."

둘은 훗날을 기약하며 상동나무로 만든 머리빗을 반으로 꺾어서 나눠 가졌다. 그러고는 문도령이 하늘옥황으로 올라가버렸다.

자청비는 볕 잘 드는 창문 앞에 박씨를 심어두고 이제나 저제나 매일 문도령을 기다렸다. 박씨는 금세 싹이 트고 줄기가 뻗더니 박이 조롱조롱 열리고 익어갔다. 그런데도 문도령은 돌아올 줄 몰랐다.

'박이 벌써 저렇게 익어감신디 문도령님은 아직도 아니 오셤구나.'

자청비는 날마다 언덕 위 별당에 올라앉아 창문을 열어놓고 기다리고 또 기다렸다.

계절은 돌고 돌아 어느덧 겨울이 저만치 물러나니 봄 햇살에 새잎도 돋아나고 이 산 저 산 아기 진달래 꽃망울도 터뜨렸다. 자청비가 별당에 나와 사방 문 열어놓으니 봄볕이 내려앉아 마음만 희롱하니 나오느니 한숨이었다.

고개를 돌려 밖을 보니 마침, 다른 집 종놈들이 땔감을 싣고 마소를 앞세워 걸어오고 있었다. 굴미굴산 깊은 곳에 들어가 삭정이 줍고 죽은 가지 꺾어 소 등에 실어서는, 소 앞 이마엔 진달래꽃 꽂아놓고, 뒤 이마엔 철쭉꽃 꽂아 어러렁떠러렁 흥얼거리며 걸어오는 게 정말 볼 만했다.

"꽃도 정말 곱다. 가까이 강 구경이나 해보카."

절로 발길이 올레 밖으로 걸어나갔다. 올레 밖에 나와보니, 집의 머슴인 정이으신**정수남이가 배불리 먹어놓고 할 일이 없는지 양지 바른 담 밑에 앉아 바지 허리 뒤집으며 이를 잡고

● **조지반반** 고요한 때 들리는 닭의 울음소리
●● **정이으신** 정이 없는

있었다.

"아이고, 이놈의 정수남아, 더럽고 볼썽사납다. 배불리 먹어 놓고 겨우 이 사냥이나 햄시냐? 다른 집 머슴들은 땔감 가득 소 등에 실어놓고 소머리에는 진달래꽃 철쭉꽃 꽂아 놓아둠서 어 렁떠렁 오는 게 오죽이나 보기 좋으냐?"

정수남이 실실 웃으며 능청스럽게 말을 받았다.

"아기씨 상전님아, 소 아홉 마리 말 아홉 마리 데려당 길마만 차려주민 나도 내일 아침 땔감 허레 가쿠다."

"알앗저. 내 그리 차려줄 거난 너도 한 번 땔감 한 짐 해와보 라. 오는 길에 진달래꽃 꺾어 소 앞 이마에 꽂아놓고, 철쭉꽃도 꺾어 뒤 이마에 꽂아낭 오라."

다음 날 아침, 자청비는 느진덕정하님을 보내어 소 아홉 마리 말 아홉 마리 끌고 오게 했다. 그러고는 소 길마 말 길마에 도끼 도 꺼내놓고, 정수남이가 일할 때 입을 옷까지 챙겨주었다.

정수남이는 아침을 먹고 점심은 멱서리에 담아놓고 소와 말 을 이러떠러 몰면서 굴미굴산 올라 깊이 들어가니 다리도 아프 고 허리도 아팠다. 에라 모르겠다, 한숨 자고 일을 하자 생각하 고는 동서로 뻗은 나뭇가지에 소와 말을 매어놓고 드러누웠다.

정수남이 동쪽으로 돌아누워 한 잠, 서쪽으로 돌아누워 한잠

자다 보니 몇 날 며칠을 잤는지 소 아홉 마리 말 아홉 마리는 오뉴월 뜨거운 햇볕에 애가 말라 소곡소곡 죽어갔다.

배가 고플 지경이 되서야 겨우 잠이 깬 정수남이는 땔감을 해야겠다며 주위를 둘러보았다. 그런데 소 아홉 마리, 말 아홉 마리가 축 늘어져 있는 게 아닌가!

"아이고, 이거 큰일 나신게. 소영 말이영 과랑과랑헌* 조작벳**에 애 말란 다 죽은 모양이여."

그때 배에서 꼬르륵 소리가 났다. 정수남이는 머리를 긁적이며 중얼거렸다.

"기왕 영 된 거 어떵 헐거라. 저 아까운 소영 말이영 그냥 버릴 수가 엇인 일이난 잡아먹기라도 해사키여."

정수남이는 저절로 죽은 삭정이를 오름만큼 쌓아놓고 망개나무로 불쏘시게 삼아 불을 붙였다. 그러고는 도끼로 소가죽 말가죽을 찍어서 벌리면서 주걱 같은 손으로 벗겨냈다. 불잉걸이 나는 대로 고기를 굽는데, 이게 익었는가 한 점 먹어보고, 저거는 설었는가 한 점 먹다 보니 말 아홉 마리 소 아홉 마리가 간

---

* **과랑과랑헌** 기운이 센. 쨍쨍한
** **조작벳** 땡볕

곳이 없이 사라져버렸다.

정수남이는 소가죽 아홉 장에 말가죽 아홉 장을 짊어지고 도끼를 어깨에 메고는 산을 내려가기 시작했다. 배도 부르고 하니 절로 콧소리가 흘러나왔다. 흥얼흥얼 콧노래를 부르며 걸어가다 보니 물웅덩이에 알록달록 때깔 고운 오리 한 마리가 앉아 있었다.

"우리 집의 아기씨는 고운 것만 좋아허는디 저 오리나 잡아당 주카? 경허믄 좋아허멍 저녁밥이라도 푸짐허게 차려줄 거 아니라."

정수남이는 어깨에 메었던 도끼를 잡아 오리를 겨냥해 던졌다. 그런데 오리는 퍼뜩 달아나버리고 도끼만 물속으로 풍덩 가라앉아 버리는 게 아닌가!

"아이고, 오리새끼는 날아가버리고 내 도끼만 물에 빠져불엇저!"

정수남이는 허둥지둥 등에 진 가죽을 부려놓고 옷을 벗어 물가에 놓아두고 웅덩이에 뛰어들었다. 정수남이가 첨벙거리며 도끼를 찾는데 아무리 물 밑을 헤집어봐도 도통 잡히지 않았다. 하는 수 없이 도끼 찾는 걸 단념하고 물 밖으로 나왔는데 누가 훔쳐갔는지 소가죽 말가죽은 물론이고 벗어놓은 옷까지 홀

라당 사라져버렸다. 발가벗은 정수남이가 제 몸을 감싸 안았다.

"아이고, 재수 옴 붙엇저. 게나저나 이 꼬락서니로 어떵 집까지 갈 거라?"

사방을 둘러보니 개나무 잎이 번들번들 바람결에 흔들리고 있었다. 정수남이는 넓은 잎을 뜯어다가 줄줄이 댕댕이 덩굴로 엮어 아쉬운 대로 아랫도리를 감쌌다.

"보기에 좀 뭣 허다마는 헐 수 엇주. 남들이 보기 전에 흔저* 가사키여."

그래도 큰길로 가다가는 남이 볼까 해서 좁은 길을 잡아 집으로 달려갔다. 대문간으로 들어가기에는 큰 주인이 볼까 걱정이 되어서 뒷문으로 슬쩍 들어가서는 얼른 장독대 뒤에 숨어들었다.

정수남이는 빈 항아리 속으로 들어가려고 다리를 걸치는데 산만 한 덩치가 어림도 없어 그냥 항아리 뒤에 쭈그리고 앉았다. 그러고는 아쉬운 대로 장독 뚜껑을 머리 위에 엇었다.

느진덕정하님이 저녁밥을 지으며 국에 간장을 넣으려고 하

_____

* **흔저** 어서, 빨리

니 떠다 놓은 게 다 되어서 달랑달랑 했다. 그래서 간장 뜰 그릇을 들고 장독대로 가봤더니 장독 뚜껑이 불쑥불쑥 움직이는 게 아닌가! 느진덕정하님은 놀라서 자청비에게 뛰어왔다.

"아기씨, 우리 장독대에 뭔 사단이 난 것 닮수다."

"그게 무신 말이고? 장독대에 뭔 사단이 난단 말이냐?"

"아기씨, 저기 장독대를 봅서. 아멩해도 장독뚜껑에 귀신이 든 거 닮수다."

"귀신은 무슨 귀신······."

자청비가 창문을 열어보니 정말로 장독 뚜껑이 오르락내리락 움직이고 있었다. 정수남이가 숨을 쉴 때마다 뒤집어쓴 장독 뚜껑이 오르내리고 있었던 것이다.

자청비가 장독대로 나아가 나직이 꾸짖었다.

"귀신이냐, 사람이냐? 귀신이믄 천당에 오르곡 사름이믄 내 눈앞에 얼굴을 드러내보라."

정수남이가 항아리 뒤에서 말을 받았다.

"나가 어떵 귀신일 수 이시쿠과? 나 정수남이우다."

위 아래로 홀딱 벗은 정수남이가 불쑥 일어서니 느진덕정하님이 비명을 지르며 두 손으로 눈을 가렸다.

"아이고, 이 추잡한 놈아, 이게 무슨 꼬라지고?"

자청비도 고개를 돌리며 야단을 치자 정수남이 술술 거짓말을 시작했다.

"아기씨, 너무 경허지 맙서. 나가 굴미굴산 깊은 곳까지 올라가보난 하늘옥황 문도령님이 궁녀들을 거느리고 내려완 장구치멍 놀고 이십다. 세상에 이런 구경거리가 엇는지라 넋 놓고 쳐다보단 뒤를 돌아보난, 말 아홉 마리 소 아홉 마리 몽땅 안 보입다. 경허난 나가 넋 놓고 구경하는 사이 누가 끌어가븐 모양이우다."

말을 하던 정수남이 슬쩍 자청비를 보니 자청비 얼굴이 새하얗게 변해 있었다. 정수남이는 속에서 웃음이 올라오는 것을 간신히 참으며 다시 말을 이었다.

"경허난 허는 수 없이 빈 몸으로 내려오다 보난 웅덩이에 때깔 고운 오리가 놀고 이십다. 그걸 잡아당 아기씨 드리젠 도끼를 던져십주. 경헌디 그 오리새끼는 달아나 버리고 도끼만 물에 빠져불엇수다. 경허연 내가 도낄 찾으려고 물에 들어갓단 옷까지 도둑 맞아불고 이 꼴이 된 거 아니우꽈."

자청비는 문도령 소리에 정신이 아뜩해져 다른 소리는 하나도 귀에 들어오지 않았다.

"문도령이랜 해시냐? 참말로 문도령이 와서냐?"

정수남이 실실 웃으면서 고개를 끄덕였다.

자청비가 바짝 다가서며 다시 물었다.

"언제 또 오켄 허는 말 안 허냐?"

"모레 사오시(巳午時)에 또 오켄 헙디다."

자청비가 바짝 다시 다가섰다가 정수남의 몰골에 또다시 고개를 옆으로 돌리며 물었다.

"경허믄 내가 가서 만날 수 이시커냐?"

"아기씨가 가민 아주 좋아헐 거우다. 아마도⋯⋯."

삽시간에 자청비 얼굴이 밝아지며 입에서는 노랫가락이 흘러 나왔다.

"물 아홉도 아깝지 안ᄒ다. 소 아홉도 아깝지 안ᄒ다. 우리 문도령님만 만날 수 이시믄."

자청비가 궤짝 문을 열어 무명 옷감을 꺼내놓고 서둘러 정수남이 옷을 만들어 입혔다.

자청비의 목소리가 한결 사근사근해졌다.

"정수남아, 나를 그곳으로 데려다주라."

"뭐, 그건 어렵지 않은 일이우다. 경헌디 길이 머난 점심이나 잘 차려주십서."

"점심은 어떵 차려 주카?"

"상전님 점심일랑 모물ᄀ를° 닷 되에 소금은 다섯 줌 집어 넣곡, 나 먹을 점심일랑 모물ᄀ를 는젱이°° 닷 말에 소금일랑 넣는 둥 마는 둥 허십서."

"알앗저. 내 그리 준비할 거난 너는 말 촐**이나 넉넉히 주라. 모레 내가 타고 가키여."

정수남이 콧노래를 부르면서 말한테 꼴을 한 줌 던져줬다.

"이 말아, 저 말아, 이 꼴 잘 먹엉 모레 아기씨 태왕 굴미굴산 짚은** 곳에 들어가보게. 우리 아기씨 촛대 같은 허리나 한 번 안아보자."

별당으로 걸어가던 자청비가 문득 뒤돌아섰다.

"너, 뭐랜 해시냐?"

정수남이가 능청스럽게 둘러댔다.

"이 촐 잘 먹엉 모레 우리 아기씨 태왕 굴미굴산 올라가자. 문도령님이 우리 상전님하고 촛대 같은 허리 안아서 만단정화(萬端情話) 나누는 거 구경하자고 일럿수다."

자청비가 서른여덟 잇마디를 드러내며 허우덩싹*** 웃더니 치마꼬리를 잡아올리며 별당으로 달려갔다.

---

* **모몰ㅋ를** 메밀가루
** **는젱이** 껍질과 쌀알이 뒤섞인 것
✱ **촐** 꼴(가축에게 주는 풀 따위)
✱✱ **짚은** 깊은
✱✱✱ **허우덩싹** 몹시 기뻐서 어쩔 줄 몰라 입을 크게 벌리고 소리 없이 웃는 모양

설레는 마음에 자는 둥 마는 둥 하는데 드디어 동창이 밝았다. 몸단장 곱게 한 자청비는 정수남이 이른 대로 점심을 준비해서 정수남의 등에 지우고 말을 대령하라 일렀다.

정수남이는 말에 안장을 놓을 때 소라껍질 하나를 안장 밑에 슬쩍 찔러넣었다.

"아기씨, 다 되엇수다. 어서 나오십서."

자청비가 말안장 위에 올라타려 하니 말은 등이 아파 파들락 뛰면서 성질을 냈다.

"말이 무사 영 신경질 부렴시냐?"

"아기씨, 오늘 말이 화가 많이 난 것 닮수다."

"아니, 무사 말이 화가 난단 말이고?"

"생각해보십서. 아기씨야 오늘 굴미굴산 가민 문도령님 만나 좋은 영화 누리주마는, 말이야 뭐 좋은 게 이시쿠과? 애써 걸음만 헐 것 닮으난 성질이 날 수밖에마씸."

"경허믄 어떵해야 좋을 거고? 네가 이 말 좀 달래보라."

"아기씨 상전님아 서둘러 밥도 아홉 동이, 국도 아홉 동이, 술도 아홉 동이, 차려놓아 말머리 고사를 지내봅서."

자청비가 느진덕정하님을 시며 급히 음식을 마련하여 말팡돌* 위에 올려놓고 말머리 고사를 지냈다. 정수남이는 자청비 모르게 차린 음식을 조금 떠서 말 귀에 소로록 들이부었다. 말은 귓속에 뭐가 들어가니 놀라 머리를 퍼더덕 흔들며 귀를 털었다.

"아기씨 상전님아, 이것 보십서. 말도 배불리 하영 먹고랜 좋다고 머리를 털엄수게 경헌디 남은 음식은 마부만 먹는 법이우다."

"알앗저. 너 몽땅 먹으라."

정수남이는 많은 음식을 거둬 앉아 마구 먹어 치우더니 배가 두둥실 불러왔다.

이때부터 혼인잔치 때 맨 먼저 음식을 차려놓고 말머리 고사를 지내게 되었는데, 고사 음식은 마부 노릇하던 머슴들만 먹게 되었다. 또한 잔치 때 하인들은 방 안에 앉히지 않고 마구간에 앉도록 했다.

"정수남아, 이제 고사도 지냇시난 어서 가자."

정수남이 부른 배를 두드리며 대답했다.

"아기씨 상전님은 점심을 지고 가십서. 저는 말안장에 앚앙 사나운 말 길들이멍 가쿠다."

문도령을 어서 보고 싶은 마음에 자청비는 시비할 생각도 않고 서둘러 무거운 점심을 등에 지고 걷기 시작했다.

• **말팡돌** 도둣돌. 말을 타고 내릴 때 발돋움으로 쓰기 위해 대문 앞에 놓은 큰 돌

정수남이는 안장을 잘 지우는 척하면서 소라껍질을 빼 던져 버렸다. 그러고는 말을 타서 채찍을 갈기니 말은 구름같이 십리 밖으로 내달았다.

자청비는 십리도 못 가 발병이 나고 열두 폭 홑단치마는 가시나무에 다 찢어져버렸다. 겨우겨우 굴미굴산에 올라가보니 정수남이는 말을 나뭇가지에 묶어놓고 나무 그늘 아래서 코를 골며 자고 있었다.

자청비는 화가 나서 발로 정수남이를 걷어찼다.

"야, 이 인정 없고 사정 없는 놈아, 너만 편안허게 몰 타고 왕잠을 쿨쿨 잠시냐?"

정수남이가 실눈을 뜨면서 대답했다.

"아기씨, 그런 말씀 허지 맙서. 이디까지 와서 또 아래로 물머리를 돌려 가젠허믄 물이 성질을 부리카 허연 그냥 기다리고 잇어수다."

자청비가 바닥에 털썩 주저앉았다.

"정수남아, 난 시장해서 더 걸을 수가 엇다. 점심이나 먹엉 가게."

정수남이가 좋다고 점심을 풀어놨다. 상전 점심은 상전 앞에 놔두고 자기는 저쪽으로 가져가서 먹으려 하니 자청비가 한마디했다.

"야, 이놈아, 무사 따로 먹젠 햄시냐?"

"한 일을 알고 두 일은 모른 상전님아, 아는 사람이 보민 주인과 하인이라 허주마는 모르는 사람이 보민 두갓*이랜 헙니다. 경해도 좋수과?"

"듣고 보난 맞는 말이여. 사람들이 두갓으로 보민 그 무슨 창피스런 일이고? 알앗저. 나 혼자 먹을 테니 넌 저쪽으로 가서 혼자 먹으라."

정수남이는 코웃음을 치면서 구석으로 달려갔다.

자청비가 메밀 범벅을 꺼내서 한 입 베어 무니 목이 가웃가웃 메고 짜서 먹을 수가 없었다. 메밀가루 다섯 되에 소금을 다섯 줌이나 넣었으니 칼칼 짤 수밖에 없는 것이 당연했다.

자청비는 에퉤퉤 뱉어내며 정수남이를 불렀다.

"정수남아, 너 먹는 거 가져와보라. 좀 먹어보게."

정수남이가 돌아앉으며 대답했다.

"상전님아, 그게 무슨 말이우꽈? 상전이 먹당 남은 것은 종이 먹어도 되주마는, 종이 먹당 남은 건 지나가는 개나 먹는 법이

---

* **두갓** 부부, 내외

우다."

자청비는 입맛만 다시며 뭐라 말을 하지 못했다. 그렇다고 짠 메밀 범벅을 다시 먹고 싶지도 않았다.

"알앗저. 이놈아, 이것도 다 가져당 먹으라."

그 말끝에 정수남이가 쏜살같이 달려와 짜디 짠 메밀 범벅을 제 것이랑 섞어서 뚝뚝 끊어 말끔히 쓸어먹었다.

"정수남아, 목이 말랑 죽어지키여. 어디 마실 물이나 엇인가?"

"요 아래로 가다 보믄 물이 이실 거우다."

자청비가 아래로 걸어가다 보니 정말 개울물이 보였다. 달려들어 한 줌 떠먹으려 하는데 어느새 가까이 다가온 정수남이 말했다.

"아기씨, 그 물일랑 먹지 맙서. 하늘옥황 문도령님이 궁녀시녀 데리고 놀다가 손 씻고 발 씻은 물이우다."

"경허믄 다른 물은 엇이냐?"

"예, 저기 잇수다."

다시 걸어가보니 이번엔 너른 웅덩이에 고인 물이 보였다. 한 걸음 들어서 보니 제법 물이 깊었다. 또다시 바짝 쫓아와 있던 정수남이 말했다.

"아기씨, 그 물은 먹어도 됨수게. 경헌디 그 물은 총각 죽은 물이우다. 경허난 치마를 벗고 먹어사 동티가 안 나는 법이우다."

목이 마른 자청비는 치마를 벗어 물가에 던져두고 두 손에 물을 떠서 먹으려 하는데 정수남이 웃음소리가 들려왔다. 고개를 들어보니 정수남이가 자청비 열두 폭 치마를 들어 빙빙 돌리며 징그럽게 웃고 있었다.

"아기씨 상전님아, 그 물 먹젠 말앙 아래 보십서. 물 아래 비치는 게 아롱다롱 보기 좋지 안허우꽈? 그게 바로 하늘옥황 문도령님이 궁녀 시녀 거느리고 노념ᄒ던* 그림자우다."

자청비가 벌떡 허리를 들고 일어섰다. 그제야 가슴이 덜컥 내려앉으면서 정신이 번쩍 났다.

'아이고, 큰일 나신게. 내가 저놈한테 속앗구나. 문도령님 보고픈 마음에 바보 멍충이가 되엇구나. 잘못하면 저놈한테 오늘 초상 치르키여. 어떵허믄 좋으코? 저놈을 살살 달래보기나 해보카.'

자청비는 덜덜 떨리는 가슴을 꾹꾹 내려앉히며 참기름 바른 목소리로 정수남이를 불렀다.

"정수남아, 무사 영 햄시냐? 느 소원 한 번 글아보라**. 뭣이든

---

* **노념ᄒ던** 놀이하던
** **글아보라** 말해보라

들어주키여.”

정수남이는 좋아 입이 헤벌쭉 벌어졌다.

“아기씨, 여기 오십서. 은결같이 고운 손이나 만져보게.”

“정수남아, 내 손 만지는 것보다 집에 강 팔 토시 한짝 만져보는 게 더 좋아진다.”

“아기씨, 어서어서 이리 오십서. 입이나 한 번 맞춰보게마씸.”

“정수남아, 우리 집 내 방에 가믄 꿀단지가 잇저. 내 입 맞추는 것보다 방 안에 있는 꿀단지 혀로 할타보는 게 더 좋아진다.”

“경허믄 촛대 같은 허리나 한 번 안아보게 마씸. 아기씨, 이리 오십서. 아기씨 허리 안아 누워나 보는 게 내 평생 소원이우다.”

“정수남아, 경허지 말고 내 자는 방에 가서 보라. 안자리엔 능화자리 바깥자리엔 꽃무늬 방석 번지르르 깔아놓고, 머리맡엔 한서병풍, 발밑에는 족자병풍 휘휘친친 둘러놓아 자장자장 잣베개를 품안에 껴안고 금산비단 한 이불 포근히 덮어 누우민 나영 눕는 것보다 더 좋아진다.”

주거니 받거니 말을 주고받다 보니 어느덧 서산에 해가 내려앉아 사방이 어둑어둑해졌다. 정수남이는 약이 오르고 애가 타서 동으로 펄쩍 서로 펄쩍 날뛰면서 성질을 부리기 시작했다.

자청비는 사방에 어둠이 내려앉으니 더욱 마음이 불안해졌지만 애써 나긋나긋한 목소리로 정수남이를 달랬다.

"정수남아, 경 화를 내지 말고 내 말 좀 들어보라. 서산에 해가 정 벌써 캄캄해져시난 담 쌓앙 오늘 밤 같이 지낼 움막이나 하나 짓는 게 어떵허냐?"

정수남이 다시 입을 헤 벌리며 좋아했다. 마음 급한 정수남이 벌떼같이 달려들어 사방 돌을 주워다가 담을 쌓아올리는데, 동쪽 나무를 서쪽으로 휘어잡고, 서쪽 나무는 남쪽으로 휘어잡아 대충 지붕을 만들었다. 그런데 어찌나 급하게 만들었는지 담 구멍이 숭숭 뚫려 있었다. 자청비가 안으로 들어가 베롱베롱 뚫려 있는 담구멍으로 손을 내어보이며 말했다.

"정수남아, 이 고망*으로 찬 기운이 들어왕 잠자리가 불편허키여. 내가 안에서 불을 피울 거난 너는 바깥에서 불빛 비치는 고망마다 풀을 베어당 막아보라."

정수남이는 애가 타는 가슴을 부여잡고 다시 이리 뛰고 저리 뛰어다녔다. 안으로 불이 비치는 구멍마다 풀을 베어다 막는데, 열 구멍 막으면 자청비는 안에서 다섯 구멍 빼버리고, 다섯 구멍 막으면 두 구멍 빼내었다.

---

* **고망** 구멍

정수남이가 뛰어다니느라 숨이 턱까지 올라왔는데 천황 닭은 목을 들어 울고, 지황 닭은 목을 꺾어 울고, 인황닭은 날개를 치며 우니 먼동이 훤하게 밝아왔다.

그제야 정수남이는 속은 줄 알고 얼굴이 검었다 희었다 하였다. 정수남이가 펄쩍펄쩍 뛰어가며 집을 무너뜨릴 기세로 달려들자 자청비는 얼른 정수남이 손을 잡았다.

"정수남아, 이리 왕 내 무릎이나 베영 누워보라. 내가 머리에 있는 이를 잡아주키여."

정수남이가 입이 헤벌쭉 벌어지며 자청비의 은결 같은 무릎을 베고 누웠다. 자청비가 가만히 보니 머리 꼴이 말이 아니었다. 잡풀데기까지 붙어서 마구 엉켜 있는 머리카락이 영락없이 백사장에 앉았던 개 꽁무니였다. 왼쪽 귀밑을 걷어보니 백모래밭에 흑모래를 던져놓은 듯하고, 오른쪽 귀밑을 걷어보니 흑모래밭에 백모래를 던져놓은 듯했다.

손끝으로 가만가만 정수남의 머리를 헤집어보니 머리카락 아래는 이들이 바글바글 기어 다니고 있었다. 자청비는 굵은 이는 장수로 살려두고, 작은 이는 군졸로 놓아두고, 중간 놈으로만 죽이는 듯 마는 듯 머리를 뒤적뒤적 했다. 밤새 뛰어다니느라 힘들었던 정수남이는 몸이 노긋노긋해져서 무정눈에 그만 소록이 잠이 들어버렸다.

자청비는 잠든 정수남이를 쳐다보며 생각했다.

　'이놈을 살렸됐다간 내가 먼저 죽을 거난 이놈 먼저 죽여사 키여.'

　마침 바로 옆에 망개나무 덩굴이 있었다. 가만히 망개나무 코쟁이를 끊어다가 왼쪽 귀로 찔러 오른쪽 귀로 뺏더니 정수남이가 얼음산 구름 녹듯 스르르 죽어갔다.

　자청비는 정수남이를 밀쳐버리고 정신없이 말에 올라타서 채찍을 놓았다.

　"이 물아, 저 물아, 너도 살고 싶으민 나영 같이 우리 집에 가게."

　어느덧 산을 벗어나 아랫마을로 들어서는데 세 명의 신선 삼백관이 마주앉아 장기를 두고 있었다. 세 신선은 말을 타고 지나가는 자청비를 보고는 혀를 차며 말했다.

　"저기로 가는 저 비바리* 부정이 하영 탓저! 바람 아래로 지나가라."

　자청비가 말에서 얼른 내렸다.

---

* **비바리** 처녀. '비바리'는 원래 전복을 따는 사람을 낮잡아 이르는 말로 쓰였다. 물질은 주로 여인들이 하므로, '해녀를 낮잡아 이르는 말'로 쓰이다가 그 의미가 축소되어 '처녀를 낮잡아 이르는 말'로도 쓰이게 된 것이다.

"처녀가 지나감신디 어떵 그리 조롱을 하셤수과?"

삼백관이 매서운 눈초리로 자청비를 쏘아보며 나무랐다.

"네 죄를 모른단 말이냐? 몰고삐 앞을 보라. 무지럭총각놈이 망개낭 가시에 귀 찔련 피 흘리멍 죽어 이신 거 안 보염샤?"

삼백관의 호통에 자청비는 고개를 숙였다.

"무슨 말을 더 허리오? 저의 죄 잘 알암수다."

자청비는 다시 말을 타고 집으로 향하는데 눈앞이 캄캄했다. 어떻게 부모님께 설명해야 하나 생각을 거듭했다. 말이 움직이지 않아 문득 고개를 들어보니 어느 새 집 앞에 당도해 있었다.

자청비는 히히힝 소리 내며 서성이는 말 머리를 한 번 쓰다듬어주었다.

"몰아, 너는 살아보젠 내 집을 잘도 찾아 왓저마는 나는 앞길이 막막허다."

어머니가 딸의 얼굴을 쳐다보며 말했다.

"아니, 밤이슬 맞고 온 사람 모양 네 행색이 무사 이 지경이고?"

자청비는 눈을 못 들고 한참을 방바닥만 내려다보다가 부모님께 겨우 말씀을 올렸다.

"아버님, 어머님, 여쭤볼 말이 잇수다."

대감이 대답했다.

"무슨 말이 듣고 싶은 거고?"

"종이 아깝수과? 자식이 아깝수과?"

어머니는 갑자기 무슨 소리를 하는 것인가 어리둥절한 표정인데, 대감이 한심한 소리 한다는 듯 혀를 찼다.

"아무리 종이 아깝기로 자식보다 더 아까우카?"

자청비는 그제야 조금 안심이 되어 이실직고 솔직하게 털어놓았다.

"다름이 아니오라 우리 집 종 정수남이 행실이 고약해서 굴미굴산 짚은 곳에 데령 강 죽여버리고 왔수다."

대감이 놀라 벌떡 일어섰다.

"뭐라고? 네가 그 장대 같은 머슴 놈을 죽였댄 헌 말이냐?"

어머니도 까무러치듯 놀라서 소리를 질렀다.

"아이고, 이년아, 그 말이 정녕 사실이냐? 잘 낫저. 잘 나서. 계집년이 어떵 사람을 죽여시냐? 나이 열다섯 될 때까지 예쁜 짓만 골라 해신디 글공부 허래 간댄 헐 때부터 알아봤어야 헷저. 대감, 이 일을 어떵허믄 좋으쿠과?"

대감은 그제야 딸의 행색을 위아래로 훑어보며 무슨 일 있었냐고 묻는다는 게 다른 말부터 튀어나왔다.

"뚤년은 늠의 집 시집가민 그만이주마는 종놈은 우리 두 늙은이 먹을 것은 허여 준다."

자청비가 섭섭해서 말대답을 한마디했다.

"경허믄 내가 그 종놈 허는 일까지 다 허민 될 거 아니우꽈?"

"이것이 터진 입이라고 아무 말이나 막 햄져. 그래 어디 한번 해보라. 허여 지카."

대감은 별 떨어진 너른 밭에 좁쌀 다섯 말 다섯 되 이리저리 뿌려놓고 한 방울도 남기지 말고 싹 다 주워오라고 시켰다.

자청비는 눈물로 다리를 놓아가며 방울방울 줍는데 닷 말 닷 되 줍다 보니 좁쌀 한 알이 간 곳 없었다. 아무리 찾아다녀 봐도 도무지 보이질 않았다. 하는 수 없이 그냥 밭에서 걸어나오는데, 개미놈이 좁쌀 한 알 물고 부지런히 기어가고 있었다.

"아이고, 말 모를 버렝이˚도 내 간장을 태움구나!"

자청비가 좁쌀 한 알 빼앗으며 개미허리를 밟았더니 개미허리가 그만 실같이 가늘어져 버렸다. 그래서 오늘날 개미허리가 그렇게 끊어질 듯 할랑할랑 가늘어진 것이다.

자청비는 주워온 좁쌀을 아버님께 가져다드렸다. 그러자 한 알도 남김없이 싹 다 주워온 것을 보고 놀란 어머니가 혀를 내둘렀다.

˚**버렝이** 벌레

"아이고, 독한 것! 누구 닮앙 정 독햄신고? 그냥 잘못헷덴 싹싹 빌면 될 거 아니라?"

어머니 말에 더욱 섭섭한 자청비는 벌떡 일어나 자기 방으로 돌아와 흐르는 눈물을 옷소매로 닦았다. 자청비는 치마저고리를 벗어두고 남자 옷으로 갈아입었다. 그러고는 집을 나와 말을 타고 달리기 시작했다.

자청비가 말을 달려 어느 마을엔가 들어서는데 사내아이 셋이서 다투는 게 보였다.

"너네덜은 무사 경 싸움시냐?"

한 아이가 화난 얼굴로 이유를 설명했다.

"내가 먼저 이 부엉이 잡아신디 저놈들이 먼저 잡았덴 막 우기멘마씸."

"아니여, 내가 먼저 잡앗저."

"아니라. 내가 먼저 잡앗다고."

서로 악을 쓰며 우기는 아이들을 말리며 자청비는 하나 제안을 했다.

"경허지 말고 그 부엉이를 나한테 팔라. 내가 돈 세 푼 주커메 한 푼씩 갈라 가지는 건 어쩌겠느냐?"

아이들 얼굴이 밝아졌다.

"좋수다. 경허게 마씸."

아이들은 돈 한 푼씩 나눠 갖고서 신이 나서 좋아하면서 자기들 집으로 달려갔다.

자청비가 부엉이를 가지고 서천꽃밭이 있는 궁전을 지나는데 서천꽃밭 담장에 방이 하나 붙어 있었다. 사람들이 몰려서서 방을 보고 웅성웅성 했다. 자청비도 무슨 내용인가 궁금해서 다가가 방을 읽어보았다.

방의 내용인즉, 매일 밤 요상한 부엉이가 서천꽃밭에 와서 울어대는 통에 꽃들이 제대로 자라지 못하고 있으니 그 부엉이를 잡아주는 사람에게 큰 상을 내린다는 것이었다.

자청비는 부엉이를 서천꽃밭 울타리 너머로 던져놓고 말을 내려 궁궐 문을 두드렸다. 서천꽃밭을 다스리는 황세곤간이 나왔다.

"어디서 온 도령이오?"

"다름이 아니라 이곳을 지나당 보난 부엉이가 날고 이십디다. 심심도 허고 해서 제가 화살을 쏘앗수다. 화살을 맞은 것이 분명헌데 보이지 않는 걸 보난 아맹해도 부엉이가 서천꽃밭으로 떨어진 것 닮수다. 경허연 화살이나 찾아가젠 영 문을 두드렴수다."

황세곤간이 기뻐하며 자청비를 안으로 맞아들였다.

"날아가는 새를 쏘아 맞혓댄 허니 도령의 활솜씨가 대단한 모양이우다!"

"예, 조금 쏠 줄 압니다마는."

"경 안해도 밤마다 부엉이가 물팡돌에 앚앙 울어대는 통에 고장*이 시들시들해지멍 크질 못햄수다. 경허난 그 부엉이만 잡아주민 우리 집 사위 삼으리다."

"경허믄 제가 한 번 잡아보쿠다."

"고맙수다. 오늘은 피곤할 테니 말을 마구간에 넣어두고 방에 들어강 편히 쉬십서."

자청비는 마구간에 말을 매러 들어갈 때 말총을 하나 뽑아 말의 혀를 묶어두었다. 그래서 서천꽃밭 머슴들이 밀죽을 쒀서 가져다주어도 혀가 묶인 말은 제대로 먹을 수가 없었다. 말은 머리를 달달 떨며 앞발로 땅을 닥닥 찍어댔다.

옆에 서 있던 자청비가 말의 뺨을 두드리며 말했다.

"이놈아, 다른 곳으로 나들이 와시민 이곳 풍속을 따라사 헐거 아니냐? 집에서야 은동이에 쌀죽을 먹엇주마는 밖에서는 아

---

* **고장** 꽃

무 음식이나 먹는 거여."

야단을 치면서 살짝 혀를 풀어놓으니 그제야 말은 히히힝 한 번 울고서 왈랑발랑 밀죽을 먹기 시작했다.

이를 본 황세곤간과 머슴들은 고개를 끄덕이며 감탄했다.

"썩 그럴듯헌 집안의 도령인 모양이여. 물한테도 쌀죽을 먹일 정도랜 허는 걸 보난."

"게난 말이라. 저 도령이 부엉이만 잡아주민 서천꽃밭 꽃감관 사위가 될 수 이실 건디."

뒤에 숨어서 보고 있던 황세곤간 막내딸도 자청비가 마음에 들어 배시시 웃었다.

깊은 밤이 되자 자청비는 아무도 모르게 밖으로 나왔다. 자청비는 위 아래로 옷을 벗어 말팡돌 위에 깔고 그 위에 헤뜰랙기* 드러누운 자청비는 나직하게 허공을 향해 말을 했다.

"정수남아, 정수남아, 나한테 정(情)이라도 이시믄 부엉이로 환생해영 내 가슴 우에 올라나 앚앙보라."

조금 있으니까 하늘에서 부엉부엉 하면서 부엉이가 날아와

---

* **헤뜰랙기** 벌러덩 누운 모양

자청비 가슴 위에 앉았다. 그러자 자청비는 얼른 부엉이 두 다리를 모아 잡았다.

"정수남아, 네가 매일 부엉이로 환생해연 서천꽃밭으로 날아와 울어대난 고장들이 제대로 크질 못햄저. 내가 널 다시 화살로 찔럼저 마는 걱정 마라. 서천꽃밭 고장으로 널 살려낸 거난."

자청비는 화살로 찔러 부엉이를 죽이고는 말팡돌 아래에 놓아두었다. 그러고는 방으로 들어와 달게 잠을 잤다.

날이 밝자 황세곤간이 마당에 나와 소리를 질렀다.

"저 방에 든 손님을 내쫓으라."

머슴들이 달려들어 자청비가 자고 있는 방의 문고리를 잡고 마구 흔들어댔다.

"아침부터 무사 이차락 소란스러운고? 대체 무슨 일로 영 허는 것이우꽈?"

황세곤간이 자청비를 노려보며 말했다.

"간밤에 또 서천꽃밭에 부엉이가 날아완 울어대신디 무사 안 마쳣읍네까?

"아, 저도 자멍 부엉이 우는 소릴 들엇수다. 부엉이를 잡긴 잡아사 헐 건디 몸이 고단해영 일어나기도 싫고 해서 누운 채 화살 한 대 창문 밖으로 쏘아붙엇수다. 그게 어찌 되어신지 몰팡

돌 아래나 한 번 보십서."

주인과 머슴들이 고개를 돌려 말팡돌 아래를 보니 화살에 맞아 죽은 부엉이가 덩그러니 놓여 있었다. 황세곤간이 얼른 죽은 부엉이를 집어들었다.

"분명히 활에 맞아 죽은 부엉이여! 이놈이 그간 우리 서천꽃밭을 엉망으로 만들었신게? 아이고, 이제 한시름 놓으키여. 도령, 이거 실례가 만앗수다."

자청비가 빙긋이 웃으며 말했다.

"아마, 앞으로는 밤마다 우는 부엉이가 엇일 거난 이제 걱정 놓으십서."

"그나저나 방에 누운 채 화살을 날려 살아 있는 부엉이를 쏘아 맞히니 이는 전무후무한 일이오. 훌륭한 도령이로고나!"

황세곤간은 크게 기뻐하며 자청비를 막내사위로 삼았다.

그렇게 자청비는 황세곤간의 막내사위가 되어 좋은 대접받으며 살고 있는데 어느덧 시간이 흘러 석 달 열흘 백일이 되었다.

하루는 막내딸이 부모님한테 달려가서 눈물을 흘리며 하소연했다.

"아버님, 어머님, 어떵허연 제게 저리 잘난 사람을 짝으로 맺어주셧수과?"

"그게 무슨 말이고?"

"잘난 서방이 석 달 열흘 백일이 지나도 나한티 몸 허락을 아니 햄수다."

황세곤간과 부인이 깜짝 놀라 바로 자청비를 불러들였다. 황세곤간은 눈물 흘리는 막내딸을 옆에 두고 사위에게 왜 몸 허락을 아니하는지 연유를 물었다.

"장인 장모님, 제가 사정이 잇수다. 다름이 아니라 모레 서울 상시관에 과거 보레 가젠허난 몸 정성으로 경허는 것이우다."

"그러면 그렇지. 우리 사위가 큰일을 앞두고 이서신게, 아가야, 본디 일이 잘되젠 허믄 안 사람도 정성을 다해야 허는 것이다. 경허난 너도 과거 보러 가는 날까지 몸 정성 마음 정성 기울이도록 허라."

황세곤간 막내딸은 고개를 숙이며 얼굴을 붉혔다.

과거 시험 본다고 떠나는 날, 자청비는 부인한테 서천꽃밭 구경이나 시켜달라고 졸랐다. 부인은 서천꽃밭으로 자청비를 데리고 가 구경을 시켜주면서 하나하나 꽃 이름을 말해주었다.

"이건 살이 다시 생기는 살살이꽃이고, 이건 피가 생기는 피살이꽃이우다. 경허고 저건 죽은 사름도 다시 살려내는 도환생꽃이고, 또 저건 목숨들을 끈어버리는 수레멸망악심꽃이우다."

자청비는 부인이 일러주는 말을 새겨들었다가 살살이꽃, 피살이꽃, 도환생꽃을 하나씩 꺾어 주머니에 넣었다.

자청비는 장인 장모께 이별 인사드리고는 밖으로 나오자마자 말을 타고 달렸다.

"몰아, 몰아, 너도 살려거든 정수남이 죽은 곳에나 찾아가게. 어서어서 달려보라."

채찍을 놓았더니 말은 속력을 내며 굴미굴산 깊은 곳 정수남이 죽은 데를 찾아갔다.

자청비가 말에서 내려보니 정수남이 죽은 곳에 풀이 무성해져 있었다. 은장도를 꺼내 풀을 베어내고는 살그랑한 정수남이 뼈를 도리도리 모아놓았다. 그 위에 살살이꽃, 피살이꽃, 도환생꽃을 뿌려놓고 때죽나무 막대기로 세 번 후려치니 정수남이 맷방석 같은 머리 박박 긁으면서 와들랭이* 일어났다.

"아이고, 봄잠이라 오래 잣수다. 아기씨, 흔저 몰에 올라타십서. 이제 집으로 가게마씸."

"그간 무슨 일이 있긴 이서난 모양이여. 전에 엇이 공손해진 거 보난."

---

* **와들랭이** 갑자기 벌떡 일어나는 모양

정수남이는 얼굴을 붉히고, 자청비를 말에 태워 얌전하게 말 고삐를 붙잡아 집으로 내려갔다.

자청비는 정수남이를 부모님께 데리고 갔다.

"아버님, 어머님, 자식보다 아까운 종놈 정수남이를 살려 왔수다."

정수남이를 본 아버지 어머니가 놀라 입을 다물지 못했다.

"아이고, 네가 정녕 죽었다 살아난 정수남이냐?"

안방마님의 비명에 정수남이는 영문을 모르고 머리만 박박 긁었다.

"아이고, 똘년이 잘나기도 참으로 잘낫저. 저 맘대로 사름을 죽였댄 허더니 이젠 저 맘대로 살려왔댄 허난 눈으로 봐도 믿을 수 엇인게. 영감 우리가 늘그막에 어렵사리 똘 하나 얻었더니 별 꼴을 다 봤수다."

"아니, 어디서 이런 못된 재주를 배왓시냐? 정말 기가 막힐 노릇이여. 이런 년을 집에 두었다간 집안에 무슨 사단이 날지 알 수 엇다. 잘난 자식 필요 엇이난 당장 이 집에서 나강 잘난 그 재주로 살아보라."

자청비는 정수남이를 살려오고도 뜻밖의 야단을 맞으니 아무 말도 못하고 섰는데, 대감은 방문을 쾅 닫고는 더 이상 내다보지도 않았다. 자청비의 눈에서 눈물이 주르르 흘러내려 앞섶을 적셨다. 지켜보고 섰던 정수남이는 머리를 긁적이다 배가 고프다고 구시렁거리면서 먹을 걸 찾아 부엌으로 어슬렁어슬렁 걸어갔다.

자청비는 다시 집을 나왔다. 눈물을 닦아가며 해 가는 양 발 가는 양 되는 대로 걷다 보니 해는 서산에 기울고 먹장 같은 밤이 찾아왔다. 자청비는 주저앉아 비새처럼 울음 놓았다. 그런데 난데없이 옷감 짜는 베틀소리가 들려왔다. 자청비가 일어나 소리 나는 곳으로 찾아가니 아담한 초가집 한 채가 보였다. 빠끔히 대문을 열고 들어서자 주모할망이 베틀에 앉아 비단을 짜고 있었다.

"길 지나는 아이인디 날 저물언 밤 지낼 곳 찾아왔수다. 하룻밤 묵어가게 해주십서."

주모할망이 내다보더니 어서 들어오라고 자청비를 안으로 이끌었다.

"어떵허연 영 곱닥헌 아기씨가 밤길을 다념서? 이레 들어왕 앚으라. 내가 정지에 강 또신* 밥이나 차려 오키여."

• **또신** 따뜻한

주모할망이 부엌으로 가 밥 하는 사이에 자청비가 할망이 짜던 베틀에 앉아 비단을 짜기 시작하는데, 그 솜씨가 예사롭지 않았다. 이를 본 주모할망이 좋아하며 자청비 손을 붙잡았다.

"내 어찌 이런 재주 가진 아가씨를 그냥 보내리. 나도 자식이 엇인디 우리집에서 내 수양딸로 지내는 게 어떵허냐?"

"저를 거두어만 주신댄 허믄 열심히 일손을 거들멍 딸 노릇 해보쿠다."

그날부터 자청비는 주모할망의 수양딸이 되어 베틀에서 옷감도 같이 짜고 집안일도 거들면서 지내게 되었다.

하루는 주모할망을 도와 비단을 짜던 자청비가 문득 궁금해서 물었다.

"어머님, 무엇에 쓸 비단이기에 이리 정성을 들이멍 짜고 잇수과?"

"이 비단은 하늘옥황 문왕성 문도령이 서수왕 따님에게 장가가는 데 쓸 혼사 비단이여."

뜻밖의 소식에 심장이 덜컥 내려앉고 얼굴에선 눈물이 다르르 떨어져내렸다.

"아니, 무사 울고 이시냐?"

"어머님, 부탁이 잇수다. 이 비단 가지고 올라강 문도령한테

바칠 때, 문도령이 누가 짜시넹 물어보민 주년국 땅 자청비가 짯댄 골아주십서."

주모할망은 뭔 사연이 있나보다 하고 생각하면서 더 이상 묻지 않았다.

"그래, 알앗저."

비단이 완성되어가자 자청비는 비단 끄트머리에 '가련하다 가령비 자청하다 자청비'라고 글자 무늬를 짜 넣었다.

주모할망은 노각성으로 올라가 하늘옥황 문도령한테 비단을 바쳤다. 문도령이 비단을 이리저리 살펴보다가 이상한 글귀를 발견했다.

'가련하다 가령비 자청하다 자청비?'

문도령은 주모할망에게 물었다.

"이거 누가 짠 비단우꽈?"

"주년국 땅 자청비가 짠 비단이우다."

"자청비가 짠 비단이라고? 아니, 무슨 연유로 자청비가 할마님한테 와서 비단을 짜게 되엇수과?"

"무슨 일인지 모르나 부모 눈에 거슬리고 쫓겨나 밤길을 헤매고 잇이난 제가 수양똘 삼앙 데리고 잇수다."

'아무래도 자청비가 나 때문에 집에서 쫓겨난 모양이여.'

문도령이 자청비 생각에 마음이 짠하고 설렁설렁 해서 가만히 있을 수가 없었다.

"주모할마님, 내일 사오시에 자청비를 만나러 내려갈 거난 그리 일러주십서."

주모할망이 좋아서 집으로 돌아오자마자 새벽부터 손님상 차린다고 부산을 떨었다.

'나한테 문도령 같은 사위가 생길지도 모르는 일이난, 대접을 소홀히 헐 수 엇인 일이주.'

주모할망은 모처럼 돼지를 잡아 음식을 장만하면서 좋아 입을 다물지 못했다.

시간이 지나 문도령이 내려온다는 날이 다 되었다. 이제나 저제나 기다리던 자청비가 베틀에 앉아 있는데 창문에 그림자가 어뜩어뜩 했다.

"거기 누게우꽈?"

"나여, 나 문도령이 왔이난 이 문 열라."

반갑고 기쁜 마음에 자청비는 와락 문을 열고 싶으면서도 또 쉽사리 문을 열어주고 싶지도 않았다.

"정말 도련님이 분명허우꽈? 나가 경 기다리던 문도령님 말이우다. 그 창문 고망으로 엄지손가락이나 찔러넣어 보십서. 확

인해사쿠다."

문도령이 엄지손가락을 찔러넣으니 문득 장난기가 발동했는지 자청비가 바늘로 콕 찔러버렸다.

"앗, 따가워!"

문도령이 발칵 화를 내며 말했다.

"이거 인간세상 함부로 다닐 게 못되는구나! 부정 타키여. 어서 하늘옥황으로 돌아가자!"

문도령이 돌아서서 다시 하늘나라로 올라가버렸다.

자청비가 뾰로통해서 앉아 있는데 주모할망이 점심상을 푸짐하게 차리고 방에 들어왔다.

"우리 어머님 노망이 들엇수과? 무사 상 하나에 수저는 둘이나 올려놨수과?"

"아까 하늘옥황 문도령이 아니와서냐?"

"예, 창문 밖에 완 문 열랜 허난 사랑하는 마음으로 장난 좀 치고 싶언, 문도령이 창문 고망으로 손가락을 집어넣으난 바늘로 콕 찔러신디. 피 조금 났댄 화 내멍 올라가 불엇수다."

수양딸에 하늘옥황 문도령을 사위로 맞을 줄 알고 좋아하던 주모할망이 발칵 화를 냈다.

"영* 버련허난** 원부모 눈밖에 나신게. 내 눈에도 거슬리난 이 집에서 그만 나가불라."

"어머님, 나도 문제주마는 그만썩 헌 일로 토라졍 가는 문도령도 문제 아니우꽈."

"그만허라. 버릇없는 수양똘은 어신 게 나음직허다."

"어머님, 잘 계십서. 그동안이라도 수양똘 삼아 거둬주고 먹여줭 고맙수다."

자청비가 주섬주섬 보따리를 싸고 나오는데 주모할망은 돌아보지도 않았다.

다시 문밖으로 쫓겨난 자청비는 하늘에 뜬 초승달을 쳐다보며 한숨을 쉬었다.

"갈수록 금강산이라. 저 달은 곱긴 곱구나마는 계수나무 박혔구나! 이젠 별 도리가 어신게. 굶어죽지 안 허젠허믄 중 노릇이라도 해사키여."

자청비는 머리를 빡빡 깎고 삿갓을 눌러 쓴 후 탁발로 연명하며 다시 마을에서 마을로 떠돌아다니기 시작했다.

하루는 마을 입구에 들어서는데 삼거리에 웬 여인들이 앉아

• **영** 이렇게
•• **버련후다** 행동거지가 바르지 못하고 난잡하다

서 비슬비슬 울고 있었다.

"너희들은 어떵허연 모여앉아 울엄시냐?"

"저희들은 하늘옥황 궁녀이온데, 문도령님이 주년국 땅 자청비하고 글공부 끝내고 올 때 목욕했던 데를 찾아보렌 햄마심. 그디서 물을 떠오민 물맛이나 보겠다고 햄수다. 경헌디 어느 곳이 자청비랑 목욕했던 곳인지 알 수가 엇이난 이리 울고 이신 거우다."

자청비는 왈랑 기쁨에 젖어들었다.

'아, 그리 가버리니 이제 그만인가 해신디, 우리 문도령님이 날 아직 잊지 안 했구나.'

자청비가 궁녀들에게 말했다.

"내가 그곳을 알고 잇수다. 목욕했던 데를 알려줄 거난 대신 나도 같이 하늘나라로 올라가게 해주십서."

자청비는 궁녀들과 함께 목욕했던 곳을 찾아가 물통에 물을 떠 주고, 하늘옥황에 올라갔다. 날은 저물어 보름달이 두둥실 떴다.

궁녀들은 자청비를 문도령이 있는 집 앞에 데려다주었다.

문도령이 있는 방 앞에 큰 팽나무가 있었다. 자청비는 팽나무 가지에 올라앉아 노래를 불렀다.

"저 달이 참으로 곱긴 곱다마는 문왕성 문도령 얼굴보다 더

고우카."

노랫소리를 들은 문도령이 벌컥 문을 열었다. 문도령이 문밖으로 고개를 내밀어 나무 위를 올려다보니 삿갓을 쓴 여인이 나무 위에 앉아 있었다.

"너는 누구냐?"

자청비가 나무에서 내려오며 대답했다.

"벌써 저를 잊으셨수과? 제가 바로 자청비우다."

문도령이 삿갓을 뒤로 벗겨보았다.

"아니, 고운 머리는 다 어디 가고 까까중이란 말이냐?"

"도련님이 그리 떠나고 나서 양어머니한테서도 쫓겨나난, 먹고 살 길이 막막해연 탁발로 목숨 연명허젠 허당보난 영 되엇수다."

"네가 정녕 우리 자청비가 틀림엇단 말이냐?"

자청비가 상동나무로 만든 반쪽짜리 머리빗을 내밀었다. 문도령도 남은 반쪽을 품에서 꺼내 맞춰보며 좋아했다.

"우리 자청비가 틀림엇구나!"

문도령은 자청비를 안고 방으로 들어갔다.

문도령은 부모님 알아차릴까 하여 자청비를 낮에는 병풍 뒤에 숨겨두고 밤에만 나오게 해서 그간 못 푼 정을 마음껏 나누었다.

그리 시간이 지나자 문도령의 시중을 들던 궁녀들은 뭔가 전과 달라졌다는 걸 눈치 채기 시작했다. 문도령 얼굴에 줄곧 웃음기가 가시지 않았다. 게다가 그전에는 밥상이 들어가면 밥 사발 위만 걷는 척 마는 척했는데, 언제부턴지 사발굽이 다 보일 정도로 깨끗이 비워지고 세숫물이 들어가면 곱게 나오더니 이젠 궂은 물이 되어 나왔다.

궁녀들은 모여서서 속닥속닥 하다가 문도령이 있는 방으로 고개를 돌리곤 했다. 도대체 그 안에서 무슨 일이 벌어지는지 알 도리가 없었다. 하루는 궁금증을 견디다 못한 궁녀 하나가 손가락으로 창문에 구멍을 뚫어서 안을 엿보았다. 그러자 문도령이 웬 여자와 앉아서 속닥속닥 얘기꽃을 피우고 있는 게 아닌가!

그날부터 궁녀들이 모여서면 서로 소곤소곤 얘기를 전하기에 바빴다. 그러자 이상한 소문이 삽시간에 하늘옥황에 퍼지면서 문도령 부모님 귀에 들어가는 건 시간문제가 되었다.

자청비도 상황을 눈치 채고는 서둘러 대책을 세웠다.

"도련님, 아맹해도 궁녀들이 우리들 일을 알아차린 것 닮수다. 도련님 부모님이 아시는 날엔 날벼락이 떨어질 거난 내일 날이 밝자마자 찾아뵈어 먼저 이실직고 허십서."

아침이 되자 문도령은 부모님 앞에 나아가 문안 인사를 드린 뒤 자청비가 일러준 대로 먼저 얘기를 꺼냈다.

"어머님, 아버님. 몇 가지 묻고 싶은 게 잇어마심."

"그래, 무얼 묻고 싶은 게냐?"

"새 옷이 또뜻헙니까, 묵은 옷이 또뜻헙니까?"

"새 옷은 남 보기에 좋다마는 따뜻한 거는 묵은 옷만 못하지."

"새 장맛이 답니까, 묵은 장맛이 답니까?"

"그야 묵은 장맛이 달지."

"새 사름이 좋습네까, 묵은 사람이 좋습네까?"

"새 사름은 시댁 오민 잰 밤중이 모냥으로 요레 호록 저레 호록 헌다마는 질든 사름만 못헌다."*

문도령이 부모님 말씀 끝나기가 무섭게 스스로 다짐하듯 딱 잘라 말했다.

"경허민 서수왕 따님한티 장가들지 안 허쿠다."

---

* **새 사름은 시댁 오민 잰 밤중이 모냥으로 요레 호록 저레 호록 헌다마는 질든 사름만 못헌다** 새로 온 사람은 재빠른 밤쥐 모양으로 이리 호록 저리 호록다니니 정신이 어지러워 길이 든 사람보다 못하다.
사름 사람, **잰** 빠른, **밤중이** 밤쥐, **모냥** 모양, **요레** 여기로, **저레** 저기로, **호록** 쥐처럼 몸집이 작은 것이 재빨리 움직이는 모양, **질든** 길이 든

하늘옥황 문곡성 문도령 아버지가 펄쩍 뛰면서 야단을 쳤다.

"이런 죽일 놈이 있나. 그 무슨 당치 안흔 소리고?"

"다름이 아니오라 저는 오래전에 혼인을 약속한 여인이 잇 사와 감히 부모님 허락도 아니 받고 얼마 전에 제 집으로 들엿 수다."

어머님이 놀라 까무러치려 하는데 하늘옥황 문곡성이 단호 하게 말했다.

"내 며느리 될 사름은 쉰 자 구덩이 파놓고, 숯 쉰 섬에 불 피 웡 작도를 걸어놓아 칼날 위를 타 가고 들어올 수 잇어사 헌다."

문곡성은 즉시 머슴들을 불러 쉰 자 구덩이 파게하고 숯 쉰 섬에 불을 피워 작도를 걸어놓았다.

"며느릿감은 어서 나와 작도를 타라!"

호령소리가 쩌렁쩌렁 궁궐 안에 울리자 자청비가 문도령 방 에서 나와 작도에 올라서려고 했다.

문도령이 자청비를 잡아당기며 말했다.

"자청비야, 내가 대신 헐 거난 너는 가만히 이시라. 오늘 죽어 도 이 집 귀신이 될 것이니 섭섭허게 생각 말고."

자청비도 문도령을 붙잡고 울었다.

"제가 해야 할 일이난 혼저 물러나십서."

자청비는 고운 얼굴에 눈물바람 날리며 버선을 벗고 박씨 같

은 발로 작도 위에 올라섰다. 앞으로 한 발짝 나아가다 뒤로 두 발짝 물러나고, 다시 앞으로 세 발짝 나아가며 칼날 위로 걷는데 문도령도 같이 나아가고 뒷걸음질치며 부들부들 떨었다.

자청비가 한 발 두 발 나아가 끝이 보이는데, 마지막 발걸음에 그만 발뒤꿈치를 살짝 베어버리고 말았다. 그러자 자청비의 발뒤꿈치에서 피가 나기 시작했다. 자청비는 아래로 내려서며 살짝 속치마 자락으로 피를 닦아 감추었다.

문도령 어머니가 달려들어 자청비 손을 잡았다.

"이리 작도를 잘 타다니! 이 아가씨는 내 며느릿감이 분명허구나! 경헌디 어떵허연 속치마가 영 더러워져시냐?"

"어머님, 아버님. 인간세상 여자 아이는 열다섯 살이 넘어가민 다 이렇게 사람구실하기 증표를 남기게 되옵니다."

"오, 그러냐?"

자청비가 이렇게 둘러대고 무사히 넘어가게 되었는데, 이때부터 여자 아이 열다섯 살이 되면 다달이 몸에 구실 오는 법도를 마련하게 되었다.

이렇게 해서 서수왕 따님과의 약혼은 없었던 일이 되어버렸다. 혼인잔치 막편지를 돌려받은 서수왕 따님아기는 너무나 억울하고 화가 치밀어 올라 견딜 수가 없었다.

서수왕 따님아기는 부들부들 떨면서 막편지를 비벼 불을 붙이고, 그 재를 한 사발 물에 타서 단번에 삼켜버렸다. 그러고는 방문을 잠가 드르누워버렸다.

그렇게 석 달 열흘 백일이 되었다. 식구들이 참다 못해 문을 떼고 들어가보니 서수왕 따님은 이미 죽어 여러 마리 새로 변해 있었다. 연인에 버림 받고 원한에 사로 잡혀 죽어가니 머리로는 두통새, 눈으로는 흘깃새, 코로는 악숨새, 입으로는 부부간 이간질새가 나왔다. 새들은 방문이 열리자마자 파닥파닥 세상으로 날아갔다.

이때부터 부부간 정 깊은 살림살이도 이 새가 들어 이간질시키는 바람에 갈라서는 일이 벌어지곤 했다. 그래서 혼례를 올릴 때 신부가 상을 받으면, 먼저 상 위의 음식을 조금씩 떼어 상 밑으로 놓으면서 부부가 별 탈 없이 백년해로하게 해주십사 빌면서 서수왕 따님아기를 대접하는 풍습이 생기게 되었다.

문도령 부모님께 인정을 받은 자청비는 혼례를 올리고 부부가 되었다. 새살림을 차린 문도령과 자청비는 알뜰살뜰 서로 챙기고 사랑하며 하루하루를 보내었다.

어느 날, 자청비는 서천꽃밭 막내딸 생각이 났다. 지금도 과거 보러 나간 남편을 목 빠지게 기다리고 있을 것을 생각하니 안쓰럽고 몹시 미안했다. 자신으로 해서 또 다른 여자의 가슴에 한이 서리게 해서는 안 되겠다는 생각이 들었다. 자청비는 문도령에게 자초지종을 설명하고는 남편인 척하고 가서 보름을 살고 자신한테 와서 보름을 사는 게 어떻겠냐고 제안했다.

문도령은 처음에 난색을 표하다가 하도 자청비가 간청하니 서천꽃밭에 다녀오기로 했다. 문도령이 서천꽃밭에 들어서자 달려 나온 막내딸이 어째서 얼굴이 전과 같지 않느냐고 물었다. 문도령은 자청비가 시킨 대로 과거를 보느라 애간장이 타서 그렇다고 말하면서 적당히 넘어갔다.

　문도령은 서천꽃밭 막내딸과 알콩달콩 정을 나누다 보니 돌아가야 한다는 것을 잊고 말았다. 그래서 보름만 살고 가기로 했는데 한 달이 다 되어가도 떠날 생각을 하지 않았다.

　어느 날 세수하러 나온 문도령 앞에 까마귀가 편지 한 장을 떨어뜨렸다. 자청비가 보낸 편지였다. 그제야 정신이 번쩍 든 문도령은 겁이 바짝 나서 서두르는데 말안장을 거꾸로 얹고, 머리에 관을 쓴다는 게 두건을 둘러쓰고, 두루마기는 한 어깨에만 걸친 채 채찍을 놓았다.

　자청비가 머리를 풀어 손질하고 있을 때 문도령이 집 앞에 당도했다. 말발굽 소리가 들리자 자청비는 바쁜 김에 풀어 제친 머리를 짚으로 대충 묶어 마중을 나갔다.

　자청비와 문도령이 서로를 쳐다보니 정신없는 차림새가 영 말이 아니었다.

　"낭군님, 우리 차림새가 정신엇이 되엇수다. 이것으로 인간의 법이나 마련합시다."

　인간의 일생에서 가장 바쁠 때는 부모가 죽어 초상이 난 때이다. 이때부터 부모 초상 때 윗부분 꿰매지 않은 두건을 쓰고, 두루마기는 한쪽 어깨에만 걸치며, 여자 상제는 머리를 풀어 짚으로 묶는 풍습이 생기게 되었다.

자청비와 문도령은 원앙이 푸른 물에 노닐 듯 정다우니 이리 금슬 좋은 부부가 또 있을까 싶었다. 그러다 보니 하늘옥황에서 둘이 부부금슬 좋다는 소문이 동서로 번져나갔다.

서수왕의 아들들은 자청비와 문도령의 소문을 들을 때마다 억울해서 가슴을 쳤다. 자신들의 누님은 파혼당하고 방 안에서 물 한 모금 마시지 못한 채 죽어갔는데, 원수 놈은 깨가 쏟아지게 사랑을 나누고 있다니 들을수록 부아가 났다. 서수왕 아들들은 누님의 원수를 꼭 갚겠노라고 다짐했다.

하루는 서수왕의 아들들이 모여앉아 원수 갚을 계획을 짰다. 궁 안에서 잔치가 벌어지는 날, 문도령을 죽이고 나서 자청비를 푸대쌈 하기로 모의를 한 것이다. 그러나 우연히 이런 모의를 엿들은 궁녀 하나가 살짝 자청비한테 귀띔을 해주었다.

하늘옥황에 잔치가 벌어지는 날 아침이 되자, 자청비는 문도령 가슴에 솜을 한 뭉치 넣어주면서 말했다.

"낭군님, 궁 안에서 낭군님을 죽이고 날 푸대쌈 하려는 무리들이 잇댄 햄수다. 경허난 오늘은 잔칫상에 앚아 궁녀들이 술을 권해도 먹는 척만 허멍 아래로 비우십서."

문도령이 잔칫상에 앉자마자 궁녀들이 양 옆에서 쉬지 않고 술을 권하며 잔에 가득 가득 부어댔다. 문도령은 술잔을 받고는 먹는 체하면서 턱 밑으로 술을 부어버렸다. 그러니 아무리 마셔도 정신이 말짱했다.

서수왕 아들들은 독을 탄 술잔을 그렇게 많이 받은 문도령이 그만하면 쓰러져 죽을 것이라 생각했다. 그런데 말짱하게 말을 타서 가는 게 아닌가!

"아니, 저럴 수가 있나?"

놀란 서수왕 아들들이 황급히 다른 대책을 세웠다. 마침 외눈박이 할망이 길에서 구걸하고 있기에 급히 데려다가 돈 몇 푼 쥐어주면서 은밀히 일을 시켰다.

"이걸 문도령한테 마시도록 허라. 문도령이 죽기만 허민 더 큰 돈을 줄 거난 알아서 잘해사 헌다."

외눈박이 할망이 좋아 입을 다물지 못했다.

"저만 믿으시고 걱정 마십서. 내가 이런 일은 얼마든지 잘 해냅주."

외눈박이 할망은 문도령 집으로 달려가 문 앞에서 기다리기 시작했다. 문도령이 집에 다 도착하자 외눈박이 할망이 말 고삐 앞에 막아서며 말했다.

"도련님, 이 술 한 잔 받아 마셩 술값 한 푼만 동정하여 주십서. 부디 우리 식구 오늘 저녁 굶지 안흐게 해주십서."

문도령은 가련한 몰골로 떨고 있는 외눈박이 할망을 보자 그만 마음이 짠해졌다. 그래서 술값으로 한 푼 던져주고 술을 받아 입 안으로 털어넣었다. 그러자 그만 정신이 아뜩해지면서 말에서 도록기* 떨어져 죽어갔다.

자청비가 뛰어나갔을 때는 문도령이 이미 말 아래로 떨어진 채 축 늘어져 있었다. 자청비는 남편의 시체를 업어다 방에 눕히고 이불을 덮었다. 그러고는 등에와 매미와 봉황새를 잡아다가 실에 묶어 주렁주렁 방에 걸어놓았다.

다음 날 서수왕 아들들이 보낸 군졸들이 벌떼처럼 집으로 달려들었다. 자청비를 푸대쌈 하러 온 것이다. 자청비는 태연하게 베틀에 앉은 채 말했다.

"당신들이 나를 푸대쌈 하러 온 거 닮은디, 우리 낭군 먹는 음식이나 먹으민 내 자청하여 가쿠다."

자청비는 큰 함지박에 무쇠 수제비를 떠다가 가져다놓았다. 군졸들이 거 맛있게 보인다며 수제비를 떠먹으려 하니 와글와글 소리만 나면서 씹을 수도 없었다.

"문도령이 이런 걸 먹는단 말이라? 소문대로 보통 인물이 아닌 모양인게. 독이 든 술을 먹어도 멀쩡헛댄 해라마는."

---

* **도록기** 톡(단단하고 작은 물건이 떨어지는 모양)

군졸들이 딱딱해서 도저히 먹을 수 없다고 그릇을 밀쳐버렸다. 그러고는 푸대쌈 하려고 달려드는 군졸들에게 자청비가 태연하게 말했다.

"저 위에 보믄 우리 낭군 깔고 앉았던 방석이 잇수다. 그걸 내려서 깔고 앉아보십서. 그것이 조금 무겁긴 허주마는 소나이라면 그 정도는 거뜬히 들 수 잇어사 ᄒ지 안 허쿠과? 경허민 내가 자청하여 가리다."

선반 위에 놓인 무쇠 방석을 가리키며 말하자 군졸들이 달려들어 방석을 내리려 하였다. 어찌나 무거운지 꼼짝도 하지 않았다.

"문도령이 영 힘 센 장수였구나게. 아멩해도 소문대로 보통 인물이 아닌 거 닮아. 이거 잘못허당 무슨 변이라도 당헐 건 아닌가 모르키여."

군졸들은 겁이 나서 누구도 선뜻 나서려고 하지 않았다. 그러자 군졸들을 이끌고 온 우두머리가 나서 문도령이 누워 있는 방을 쳐다보며 한마디했다.

"이놈들아, 걱정들 허지 마라. 그래봐야 죽은 목숨 아니냐? 죽은 목숨 아무 소용이 엇다."

"맞는 말이로고. 제 아무리 잘난 문도령이라도 이제 죽은 목숨인디 어떵 헐거라."

그런데 죽은 줄 알았던 문도령이 코를 골며 자는 소리가 들렸다. 주얼재열 매미, 등에가 나는 소리, 봉황새 꺽꺽 부리 벌리는 소리가 코 고는 소리로 들렸던 것이다.

"어이? 이거 무슨 소리라?"

"문도령이 코 골멍 자는 소리 닮은디. 문도령이 죽은 거 아니라?"

그때 방 밖에 섰던 머슴이 자청비가 시킨 대로 손을 한 번 탁 쳤다. 그러자 화들짝 놀란 군졸들이 겁을 집어 먹고 앞 다투어 도망쳐버렸다.

푸대쌈을 모면한 자청비는 죽은 남편을 살려내기 위해 서천 꽃밭으로 들어가 갖가지 꽃을 얻어왔다. 자청비가 가져온 살살이꽃, 피살이꽃, 도환생꽃을 남편의 시체 위에 뿌리자 문도령이 기지개를 켜며 일어나 앉았다.

"아, 잘 잣저! 경헌디 무신 일이라? 수벤이* 무사 이차락** 어지럼ᄒ여***?"

자청비는 그 사이에 있었던 일을 소상히 일러주었다.

● **수벤이** 주변이

●● **이차락** 이렇게

❀ **어지럼ᄒ여** 어지럽소

"아, 게난 부인 덕에 나가 영 살아나신게."

문도령은 또 한 번 자청비의 기지에 감탄하며 부인의 손을 꼭 잡았다.

하늘옥황 천자국에 큰 사변이 일어났다. 검은 무리가 난을 일으켜 천자국이 큰 혼란에 빠지게 된 것이다. 옥황상제 천지왕은 여기저기 방을 붙이도록 했다.

"이 난을 평정하는 자에게 하늘옥황의 땅 한 조각 물 한 조각을 갈라 주겠노라."

자청비는 문도령과 함께 서천꽃밭에서 가져온 수레멸망악심꽃을 들고 천자국으로 갔다. 수레멸망악심꽃은 뿌리면 뿌리는 대로 많은 사람이 죽는 꽃이었다. 천지왕은 난을 평정하기 위해 왔다는 문도령과 자청비에게 임무를 맡겼다.

전장으로 가보니 삼만 명의 군사들이 칼을 치고 활을 받으며 치열하게 싸우고 있었다. 자청비는 천자국 병사들을 철수시키고는 수레멸망악심꽃을 동서로 뿌려댔다. 그러자 난을 일으킨 군사들이 건삼밭의 늙은 삼 쓰러지듯 동서로 즐비하게 쓰러지

---

* **열두시만곡** 모든 곡식

며 숨이 끊어져버렸다. 곧 난은 평정되고 천자국이 평온해졌다. 천지왕은 크게 기뻐하며 자청비와 문도령의 공을 치하했다.

"내 너희들에게 하늘나라에 있는 기름진 땅을 갈라주겠으니 잘 맡아 다스리도록 하여라."

그러나 자청비는 이를 사양하고 인간세상에 내려가 살고자 하니 대신 씨앗을 달라고 청을 드렸다.

"하늘님아, 하늘나라 기름진 땅 대신 제주 땅에 내려강 심을 오곡의 씨앗을 내려주십서. 제주 백성들 농사짓고 살게 해 주쿠다."

천지왕은 자청비를 기특하게 여기고 인간을 널리 이롭게 하라며 열두시만곡˚을 내려주었다.

자청비는 곡식 씨앗을 가지고 문도령과 함께 칠월 열나흘 날 인간세상으로 내려왔다. 그래서 이때부터 인간세상에서는 칠월 열나흘 날 백중제를 지내게 되었다. 백중제는 7월 13, 14일경에 지내는 것으로 소와 말의 증식을 비는 제의이다.

인간세상에 내려서고 보니 정수남이가 새끼 낳은 개 허리 모양으로 홀딱 들러붙은 배를 움켜쥐고서 허웃허웃 걷고 있었다. 정수남이는 자청비를 보자마자 엎어질 듯 달려와 매달렸다.

"아이고, 아기씨 상전님 아니우꽈?"

"너는 정수남이 아니냐? 무사 이차락 불쌍한 꼴을 해가지고 다념시냐?"

"아이고, 말도 마십서. 큰 상전 내외분이 아기씨를 찾당 모두 돌아가시고 큰 집이 절간이 되엇수다. 누구 하나 밥 해주는 사름도 엇고 해서 집을 나와신디 어디로 가살 지 몰란 이 꼴로 다념수다. 아기씨 상전님아, 나 배고파 죽을 지경이우다. 점심 요기나 좀 시켜주십서."

"아이고, 불쌍한 놈. 이 나이 먹도록 지 한 몸 먹을 것도 못 챙경 다념시냐?"

자청비는 여기저기 둘러보다 한곳을 가리켰다.

"저기 저 밧듸 보라. 머슴 아홉에 소 아홉 거느령 갈암신게.

저기 강 징심을 얻어먹고 오라."

정수남이가 그 밭에 가서 점심을 좀 달라고 부탁했다. 그러자 인정 없는 밭주인이 욕을 하며 정수남이를 쫓아냈다.

"이놈아, 너 줄 징심이 어디 이시냐? 재수 엇다. 저리 꺼져불라."

정수남이 돌아와 그냥 쫓겨났다고 힝힝 울상을 지었다. 자청비는 인정 없는 밭주인의 머슴들을 시름시름 아프게 하고, 아홉 마리 소와 쟁기엔 바람과 구름을 불러들여 대흉년이 들게 해놓았다.

자청비는 다른 밭을 가리켰다.

"저 밧듸 강 보라. 두 늙은이가 쟁기도 엇이 호미 하나로 농사 짓엄구나. 저기 강 징심 달라고 해보라. 혹시 아느냐? 노인 내외가 가난한 살림이주마는 인정이나 베풀지."

정수남이가 가리키는 곳으로 가서 점심을 달라고 부탁했다. 노인 내외는 배고파 비실거리는 정수남이를 동정하여 밥 채롱의 밥을 모두 내주었다. 정수남이는 고맙다는 말을 할 겨를도 없이 허위허위 채롱의 밥을 두 손으로 긁어내며 모조리 먹어치웠다.

자청비는 마음 씀씀이가 고운 노인 내외가 호미 농사지어도 주리주리 바리바리 곡식이 잘 열리도록 대풍년이 들게 해주었다.

자청비는 사람들에게 씨앗을 나누어 주고 뿌리게 했다. 그렇게 씨앗들을 밭에 뿌리다 보니 씨앗 한 가지를 잊고 가져오지 못했다는 것을 알았다. 그래서 다시 하늘옥황으로 올라가서 씨앗을 받아왔는데, 이미 여름 파종 때가 늦어 있었다. 그래도 자청비가 그 씨앗을 뿌려 다른 곡식과 같이 가을에 거두어들이게 했다. 이 씨앗이 바로 메밀씨이다.

이렇게 하여 자청비와 문도령은 농사신인 세경신이 되었다. 그리고 정수남이는 목축신이 되어 많은 목동과 말과 소를 돌봐 주며 마블림제를 받아먹게 되었다.

세경신은 농경신을 말하는데, 상세경은 문도령이고, 중세경은 자청비, 하세경은 정이으신정수남이다.

신화, 펼치기

제주의 농경신화 세경본풀이

'세경본풀이'는 제주도 큰굿의 세경본풀이 제차와 농신(農神)을 위한 굿 등에서 심방이 제상 앞에 앉아 장고를 치며 부르는 신화이다. 자청비라는 여인이 변화무쌍한 삶의 여정 속에서 고난을 극복하고 마침내, 사랑의 결실을 맺는다는 이야기를 담고 있다. 더욱이 지상에 곡식을 뿌리고 거두게 하는 농경신으로 좌정하기까지 내력을 담고 있다.

농경신 자청비는 한 해 농사를 시작할 수 있도록 하기 위하여 입춘 날 하늘에서 내려온다고 한다.『설문대할망의 손가락』

해마다 관덕정 앞에서 탐라국의 입춘굿이 재현된다

에서 문무병은 "입춘굿은 한 해의 첫 절기 입춘(立春) 날, 땅에서 수행해야 할 새로운 임무를 부여받고 하늘에서 내려온 농경신 자청비를 모시고, 탐라왕이 제사장(심방)이 되어 집행하는 하늘굿이었다"고 말하고 있다.

최근, 제주도에서는 이러한 전통을 살려 해마다 입춘이 되면 조선시대 제주목 관아였던 관덕정 일대에서 '세경할망 자청비 맞이 굿'인 입춘굿을 한다. 입춘굿은 농경신이 하늘옥황에서 천지왕에게 오곡의 씨앗을 받아 지상에 내려왔던 의미를 되새기고, 풍년을 기원하는 풍농굿이라 할 수 있다. 이날 '세경놀이'도

밭을 갈고 씨를 뿌리며 가을에 추수하는 과정을 재현하는 모습

펼치는데, 밭을 갈고 씨를 뿌리며 추수하여 창고에 쌓는 과정을 놀이로 보여준다.

보통 농경신을 '세경신'이라고 한다. '세경'은 '농사를 짓는 땅', 즉 농토를 의미하는 제주어이다. 제주에는 '세경 너븐드르' 란 말이 있다. '너븐'은 넓다는 의미요 '드르'는 들판을 의미하는 말이니, '너른 들판처럼 넓은 농토'라고 풀이할 수 있다. 그래서 세경신은 땅을 지키는 신이자, 농사를 도와주는 신으로 농경신 자청비를 일컫는 말이다.

자청비가 하늘에서 오곡의 씨를 얻어와 뿌리도록 함으로써, 세경본풀이는 '농경기원신화'라고도 할 수 있다. 남편 문도령과 함께 '오곡 종자'와 '열두시만곡(모든 곡식)'을 가지고 지상에 내려오는데, 이날이 바로 음력 칠월 열나흘이다. 그래서 이날을 '백중대제일'이라 하여 백중제를 지내게 되었다고 한다. 백중제는 7월 13, 14일경에 지내는 것으로 풍년을 기원하는 제의이다. 제주도에서는 소와 말의 증식을 비는 제의이기도 하다. 성읍리의 경우 음력 7월 14일 밤에 목축에 종사하는 사람들은 음식을 준비하고 목장으로 가서 백중제를 지낸다고 한다.

'자청비'라는 이름은 일반적으로 '스스로[自] 청하여' 지어졌다고 풀이를 하고 있다. 반면, 말의 주술성을 믿고 있는 선인들은 '자청해서 비[雨]를 부른다'는 의미로 사용했을 것이라고 이수자는 『제주여성 전승문화』에서 말하고 있다. 사람들은 "자청비, 자청비"라고 농경신의 이름을 의도적으로 부르면서 농사를 지을 때 비가 충분히 내려 풍년이 들기를 기원했다는 것이다.

세경본풀이는 자청비를 중심으로 펼쳐지는 이야기이다. 본풀이 말미에는 하늘옥황에서 공을 세우고난 후 천지왕이 하사하는 기름진 땅을 사양한다. 대신 오곡의 씨앗을 가지고 제주 땅에 중세경으로 내려와, 사람들이 농사를 짓고 살 수 있도록 하는 이가 자청비이다.

주인공은 자청비임에도 불구하고 왜 문도령이 상세경이 되었을까? 이것은 농사의 특징과 관련이 있다고 생각한다. 농사라고 하는 것은 기름진 땅과 종자만 있다고 해서 되는 것이 아니다. 하늘에서 비도 내려야 하고, 가축의 도움도 받아야 한다. 그래서 문도령은 비를 내려주는 하늘을 대표해서 상세경으로 앞세우고, 땅을 일구는 데 도움을 주도록 말과 소를 관장하는 정수남이를 하세경으로 삼았을 것이다. 자청비는 씨앗을 심는 농사의 신으로써 지혜롭게 중세경에 자리하지 않았나 생각한다.

세경본풀이는 사랑과 모험의 서사시이다

'세경본풀이'는 자청비을 통해 기득권적인 남성 위주의 사회에서 여성이 도전하고 쟁취하는 면모를 다분히 보여주고 있다. 한마디로, 모험에 물러섬이 없는 여성 영웅을 떠올리게 한다.

자청비는 태어날 때 부처님께 올린 시주가 백 근에서 한 근이 모자라 딸로 태어났다. 가부장제 사회에서 여성이 완전하지 못한 존재로 대접받고 있는 처지를 이렇게 표현하고 있는 것이다. 초공본풀이의 자주명왕 아기씨도 부처님께 올린 시주가 백근에서 한 근이 모자라 딸로 태어났다. 자주명왕 아기씨는 스스로 아무 잘못도 하지 않았는데 여자라는 이유만으로 고난의 삶을 마주해야 했다. 자청비 역시 시주가 모자라 딸로 태어났다는 것은 순탄하지 않은 인생역정을 걷게 될 것이라 짐작할 수 있다.

사랑에 눈을 뜬 열다섯 살 자청비

자청비 나이 열다섯이 되었을 때, 하녀 '느진덕정하님'의 피부결에 관심을 가지게 된다. '느진덕정하님'이란 '늦은댁이 정하님'으로 동작이 느릿느릿하다는 데서 붙여진 이름으로 여러 신화마다 등장하는 인물이기도 하다. 자청비의 미적 관심이 결국, 빨랫감을 주워 담고 주천강 연내못으로 달려가게 만들은 셈이다. 비로소 여인으로서 자아에 눈을 뜨게 되었다는 것을 알 수 있다.

시절이 맞았는지 자청비는 연내못에서 하늘옥황에서 내려온 문도령을 만나게 된다. 첫눈에 문도령에게 호감을 느낀 자청비는 버들잎을 따서 바가지 물에 띄워준다. 물을 떠 주면서 버들잎을 띄우는 이러한 행동은 은연중에 속마음을 드러내는 행위로 우리 설화에 많이 나오는 화소이다. 그런데 세경본풀이 속 표현이 훨씬 풍부하고 생동감이 넘친다. 자청비가 문도령에게 했던 말과 행동 속에 지혜롭고 야무진 성격이 생생하게 드러난다. 다른 설화에서 내보였던, 수줍게 물바가지를 내미는 아가씨

136

의 모습과는 거리가 있다.

자청비가 제사를 모실 명분으로 부모님을 설득하는 면이나 남장을 하고 문도령에게 자청비의 남동생이라 속여 동행을 하는 것은 사회적 규제를 남장을 통해 기존의 윤리를 깨버리고 있다. 이 대목에서 자청비의 거침없고 당당하며 자유분방한 기질을 엿볼 수 있다.

사춘기 무렵, 육체적으로나 정신적으로 성숙한 자청비는 어수룩한 문도령과 대비되는 지혜로 주도적인 사랑을 엮어나가고 있다. 더욱이 실력이 월등하여 문도령을 열등감에 빠지게 한다. 오줌 누기 시합은 남성적 우월함까지 소화해내는 자청비의 지략을 엿볼 수 있다.

이별과 위기 그리고 독립

하늘옥황으로부터 내려온 전갈로 문도령과 헤어지게 되자, 자청비는 결단을 내려 여자임을 밝히고 하룻밤을 같이 지내며 사랑의 언약을 받는다. 이 과정에서 자청비가 보여주는 모습은 조심스러우면서 반면, 매우 능동적이다. 사랑하는 사람을 잃을지도 모르는 상황에서 자신의 사랑을 위하여 주도적으로 관계를 이끌어가고 있다. 문도령과 첫 만남 이후부터 자청비의 자기결정권은 은밀하게 진행되어왔다고 할 수 있다.

그러나, 문도령을 그리워하는 마음이 너무 커서 함정에 빠지게 된다. 하인인 정수남이한테 겁탈당할 위기에 처하게 되는 것이다. 자청비가 담대한 여성 영웅의 면모를 보여주는 장면이라면, 바로 그 공포스러운 시점에 정수남이를 달래어 상대를 제압하는 기지를 발휘한다는 점이다.

결국, 위기에서 벗어났지만 정수남이를 죽이게 되는 불행에 처한다. 그래서 자청비는 부모님과의 어긋난 이견과 자신의 해명을 위해 집을 나서게 되는데, 남장을 하고 길을 나선 자청비가 서천꽃밭에 찾아가 정수남이를 살려내는 과정은 죄를 씻기위한 씻김의례가 아닐까 싶다. 하지만 부모에게 오히려 못된 재주를 가진 딸이라며 집에서 내쫓기고 만다.

자청비의 부모는 여성의 비상함을 용납하지 못하는 가부장적인 인물들이다. 자청비의 비범함에 불안을 느낀 김진국 대감과 자지국 부인은 딸을 집에서 내쫓음으로써 관계를 단절시켜버린다. 이는 자청비가 완전히 집에서 나와 혼자 자신의 인생을 책임져야 하는 독립단계에 접어든 것이다.

남성성이 적극적으로 발현되는 자청비

자청비는 여성이면서도 내면의 남성성이 적극적으로 발현되는 인물이다. 칼 융은 남성의 내면에 존재하는 여성성을 '아니

마'라고 했고, 여성의 내면에 존재하는 남성성을 '아니무스'라고 했다. 자청비는 가부장적인 규제를 벗어나 위기를 극복하기 위하여 남장을 하고 남자 행세를 하면서 내면에 존재하고 있는 아니무스를 적극적으로 발현시키고 있다.

자청비가 대나무 막대를 잘라다 바짓가랑이에 넣고 오줌을 갈겨 오줌이 열두 발 반이나 날아가게 하는 장면은 여성 속의 남성성(아니무스)이 극적으로 표현된 것으로 보인다. 게다가 자청비는 남장을 하고 서천꽃밭으로 가서 꽃감관 황세곤간의 딸과 혼인까지 한다.

여성이 남장을 했다는 것은 여성이면서 동시에 남성의 상태가 된다는 것으로 양성구유(兩性具有)의 특성을 보여준다. 자청비는 서천꽃밭의 막내딸이 반할 만큼 미모를 지녔으면서도, 여성다움이라는 틀에 갇히지 않고 주도적으로 자신의 인생을 개척하고 있다. 시대적 제약에도 불구하고 자신의 결정을 행동으로 옮기는 모습은 과히 자신에 대한 믿음이 단단하게 형성되어 있는 것 같다.

거듭되는 시련과 사랑의 결실

집에서 쫓겨난 자청비는 비단을 짜는 할망의 수양딸로 들어간다. 자청비는 참 능력도 여러모로 좋다. 공부도 잘하여 장원을 놓치지 않았고, 이제는 비단 짜는 일에도 뛰어난 실력을 보여준다. 자청비의 비단 짜는 실력은 성인으로서 자립할 수 있는 능력을 지니게 되었음을 의미하기도 한다. 하지만 부모라는 기존의 질서를 벗어나, 능력 있는 여성이 맞게 되는 고난은 난데없이 나타나기도 하나 보다.

문도령의 방문에 너무 기쁜 나머지 자청비의 성급한 행동으로 인해 문도령은 다시금 떠나버린다. 화가 난 수양어머니 주모할망이 "이렇게 심하게 장난을 치니 원부모 눈 밖에 나지. 나가버려라"라는 말을 한다. 수양어머니 입장에서 조심스럽지 못한 딸의 행동을 책망함과 동시에, 보호자의 역할에서 손을 떼는 가혹한 시련을 자청비에게 안겨주고 있다.

먹고 살 길이 막막하게 된 자청비가 머리를 깎고 중이 되는 길을 선택한다. 여성으로서 머리를 깎는다는 것은 엄청난 결단의 표현이다. 자신에게 닥친 최대의 위기와 고난 앞에서 과거와 절연하고 새로운 존재로 거듭나겠다는 의지의 표현인 것이다.

다행히 자청비는 탁발생활의 시련을 이겨내는 중에 가까스로 문도령과 재회를 한다. 하지만 칼선다리를 건너야만 하는 며느리 시험이자, 하늘옥황에 살 수 있는 자격을 얻기 위해 목숨을 걸고 뛰어든다.

칼선다리는 심방이 굿을 할 때 신칼 날이 하늘로 향한 점괘이다. 이런 점괘는 위기가 닥쳤거나 죽음이 코앞에 이르렀음을 의미하는 것이다. 자청비가 칼선다리를 무사히 건넘으로써 위기를 벗어나 문도령과 혼인을 할 수 있게 된 것이다. 굿을 할 때 심방은 작도를 타면서 신의 위엄을 극대화한다고 한다. 따라서 자청비가 작도를 타는 시험을 무사히 통과함으로써 신의 자격을 획득했다고 볼 수 있다.

자청비가 문도령과 혼인하고 하늘옥황에서 살아갈 때, 큰 난이 일어난다. 자청비는 그 난을 평정하면서 여전사로서의 면모를 보여주고 있다. 그 공을 인정받아 하늘옥황에서 천지왕이 내리는 영토를 다스리며 살 수도 있었지만, 제주의 백성들을 위해서 곡식의 씨앗을 받아 지상으로 내려온다. 한 남자의 연인에서 제주 백성의 농경신으로 사랑의 결실을 맺고 있는 것이다.

자청비는 사랑의 여신이다. 자신의 사랑을 얻기 위하여 자신이 할 수 있는 모든 것을 했고 마침내 결실을 맺었다. 그렇기에 자청비는 농경신이 될 수 있었다. 사랑은 때와 절기에 따라 씨를 뿌리고 밭을 가는 것과 같다고 보기 때문이다.

목축신이 된 정수남이와 상세경 문도령

세경본풀이에는 자청비 못지않게 개성을 보여주는 중요한 인물이 있다. 바로 정수남이와 문도령이다. 정수남이와 문도령은 여러모로 대조적인 인물이다. 땅의 존재인 정수남이와 하늘의 존재인 문도령은 땅과 하늘의 거리만큼이나 다른 성향을 보여주고 있는 것이다.

두 번 죽고 한 번 살아난 정수남이

정수남이는 '정이으신정수남이'이다. '정이으신'은 '정이 없다'는 것으로 정수남이의 특성을 잘 나타내는 이름이라 하겠다. 그는 사람에 대해 사랑이나 정이 없이, 본능이 시키는 대로 행동하는 인물이다. 그래서 정이으신정수남이는 야수와 같은 동물형 인간이라 할 수 있다.

대식가 정수남이는 먹을 것을 앞에 두고는 인정사정 없다. 자청비와 함께 굴미굴산에 올라갈 때, 자청비가 짜서 먹지 못하는 메밀 범벅을 반찬 삼아 자기 것까지 깨끗이 쓸어먹는다. 정수남이는 자기가 잘못했을 때는 둘러대기도 잘 둘러댈 뿐만 아니라, 상대방의 약점을 이용해서 함정에 빠뜨리고 겁탈하려고 덤벼드는 치한이기도 하다. 자신의 상전인 자청비를 굴미굴산 깊은 곳으로 유인해서는 치마를 벗고 물을 마시게 하면서 "은결 같이 고운 손이나 만져보자", "촛대 같은 허리나 한 번 안아 보자"고 희롱하다가 달려들기까지 한다.

시간을 끄는 자청비한테 속은 줄 알고 펄쩍펄쩍 뛰는 모습은 야수의 모습 그 자체이다. 결국, 정수남이는 자청비에 의해 목숨을 잃게 된다. 일방적인 욕망의 해소가 죽음과 같다는 것을 경고하는 대목이다.

자청비는 정수남이를 두 번 죽이고 한 번 살렸다. 동물적인 욕망을 주체하지 못하고 자신을 겁탈하려는 정수남이를 죽였고, 부엉이로 환생해서는 서천꽃밭에 매일 밤 날아와 울면서 꽃들을 시들게 하는 정수남이를 또 죽였다. 그러고는 서천꽃밭의 환생꽃으로 정수남이를 살려낸다. 두 번 죽었다 살아난 정수남이는 비로소 얌전해지고 공손해져서 자청비에게 깍듯하게 대한다. 야수와 같았던 욕망이 자청비에 의해 잦아들게 된 것이다.

정수남이는 목축신이 되어 많은 목동과 말과 소를 돌봐주며 마블림제를 받아먹게 되었다. 마블림제는 장마철이 지난 다음 7월 13, 14일경에 지내기도 한다. 이때 '마'는 곰팡이의 뜻이고, '불림'이란 바람에 '불린다'는 의미로 장마철이 지난 다음에 신의 옷을 꺼내어 바람에 불리면서 곰팡이를 제거하는 의식이다.

송당 마블림제에서 신의 옷을 꺼내놓고 불리는 장면

목축신으로 좌정한 하세경 정수남이

정수남이가 자청비네 집의 남자 종이었던 사실은 농사를 지을 때 가축의 도움이 필요한 현실적인 이유와 관련이 있다. 농사가 잘되기 위해서는 기름진 땅만 있어서 되는 것이 아니다. 말과 소를 부려 밭을 갈고 다질 수 있어야 힘을 덜면서 농사를 수월하게 지을 수 있었다.

보통 밭갈이 하는 데 소를 부리지만 제주에서는 말을 농사일에 많이 활용했다. 밭에 뿌린 씨앗들이 잘 뿌리내릴 수 있도록 밭을 고르게 밟아주는 것을 '밭 볼리기'(밭 밟기)라고 한다. 이때는 수십 마리의 말들을 이끌고 다니며 밭을 밟아 흙이 날리지 않도록 했다.

목축신 정수남이가 소 아홉 마리, 말 아홉 마리를 한꺼번에 먹어치우는 대식가라는 사실은 그만큼 말과 소가 번성하기를 바라는 마음이 반영되었다고 볼 수 있겠다. 송당의 소천국처럼 사냥신 역시 대식가로 표현되는데, 사냥을 많이 할 수 있기를 바라는 마음이 반영된 것과 같은 것이다.

수동적이고 의존적인 하늘옥황 문도령

자청비가 적극적이고 주도적으로 사랑을 이루기 위해 고군 분투하고 있다. 그에 비해 자청비가 사랑했던 하늘옥황의 문도 령은 수동적이고 의존적인 인물의 모습을 보이고 있다.

문도령은 자청비에게 남자라고 하기에는 아직 어리고 미숙한 상태이다. 그러기에 서당에서 같이 공부하며 한 방에서 한 이불 덮고 자면서도 자청도령이 여자임을 알지 못하는 것이다. 물론 자청비가 은대야에 물을 떠다가 옆에 놓고 은수저 놋수저 걸쳐놓아 가까이 오지 못하게 했지만 그러한 꾀에 넘어가는 것 자체가 어수룩하다는 것을 나타낸다. 게다가 문도령은 자청비 에게 열등감을 느끼기까지 한다.

자청비가 자신이 여성임을 밝히고 하룻밤 사랑을 나누지만,

하늘옥황으로 돌아간 후 깜깜무소식이다. 서수왕 따님아기와 혼인을 하라는 부모의 말을 거역하지 못했던 것이다. 이러한 문도령의 모습은 생각은 많으나 행동으로 잘 실천하지 못하는 햄릿을 떠올리게도 하고, 엄마 품에서 벗어나지 못하는 마마보이를 연상시키기도 한다. 자청비의 지혜로 하늘옥황에서 혼인을 하게 되지만 누이를 버렸다고 원수를 갚으려 하는 서수왕 아들들에게 죽임을 당하고 만다. 결국 문도령은 자청비에 의해 다시 살아나게 되는데, 이러한 수동적이고 의존적인 모습은 자청비의 적극성과 비범함을 돋보이게 하고 있다.

세경본풀이에 드러난 제주의 풍속

여행을 떠나기 전에 지내는 말머리고사

제주는 예로부터 말을 많이 사육하는 곳이었다. 오죽하면 말은 제주로 보내고 사람은 서울로 보내라는 말까지 있었을까. 몽골이 지배하던 시기에는 원나라에서 말을 키우는 목동인 목호들을 보내어 대대적으로 목장을 운영했고, 그 이후에도 말을 키워 임금께 진상하는 일은 계속되었다. 때문에 말과 관련된 풍습이 많은데 그중에 하나가 말머리고사이다.

정수남이가 자청비를 꾀여 굴미굴산으로 갈 때, 말 안장 밑에다 소라껍질 하나를 찔러넣는다. 자청비가 타려하자 말은 등이 아파 파들락 뛰면서 성질을 부리고, 정수남이는 말을 달래기 위해서는 "밥도 아홉 동이, 국도 아홉 동이, 술도 아홉 동이" 차려 놓아 말머리 고사를 지내야 한다고 말하는 대목이 있다.

'한국 향토문화 전자대전'을 보면 말머리고사는 제주도에서 예로부터 행해졌던 풍속이라고 한다. 말을 타고 길을 떠나기에 앞서 여행의 안전을 위하여 벌이는 작은 의례라 할 수 있다. 보통 닭 한 마리와 제주(祭酒) 등으로 상을 간단하게 차려놓고 제관이 절을 하면서 술을 올리는 것으로 마무리한다고 기록하고 있다.

현재는 말머리고사가 거의 자취를 감추었다고 하는데, 이는 이동수단으로 더 이상 말을 사용하지 않게 된 것과 관련이 있다. 하지만 요즘도 자동차를 구입하게 되면 무사안녕을 빌면서 막걸리를 바퀴에 붓는다던지, 떡을 돌린다던지 하는 것도 말머리고사와 같은 풍습에서 연유한 것으로 볼 수 있다.

기특한 작물인 제주의 메밀

본풀이를 보면 자청비가 오곡의 종자와 열두시만곡을 가지고 지상으로 내려올 때 메밀씨를 가져오지 않은 것을 뒤늦게

깨닫는다. 그래서 다시 하늘옥황으로 올라가서 씨앗을 받아왔는데 이미 여름 파종 때가 늦어 있었다. 그래도 농경신 자청비는 늦게라도 메밀씨를 뿌려 다른 곡식과 같이 가을에 거두어들이게 했다. 이러한 이야기는 실제로 메밀 농사를 지을 때 다른 곡식보다 늦게 파종하는 상황이 반영된 것이다.

메밀은 추위에 강하고 생육기간이 짧은 곡식이다. 제주에서는 비교적 해발이 높은 곳에서 처서 무렵인 8월 23일경에 파종했다. 농경지가 부족하고 척박한 제주에서는 한라산 가까이 중산간에 화전을 일구어 메밀을 파종했다고 한다. 이렇게 가을이 다 되어 파종하는 메밀은 두 달 정도면 수확이 가능했다 하니

구좌읍 송당리 메밀밭

무척이나 기특한 작물이 아닐 수 없다.

메밀 농사와 관련하여 전해지는 속담이 있다. "늦ᄌ식 농사가 모믈 농사여." 늦자식 농사가 메밀 농사라고 하는 말이다. 메밀은 다른 작물에 비해 생육 기간이 짧아 늦게 파종하는 작물이라는 뜻을 담고 있다.

땅이 척박하고 비가 땅속으로 스며들어버려 벼농사가 잘되지 않았던 제주도에서는 예로부터 메밀 농사를 많이 지었고, 제사 때나 명절 때 메밀을 이용한 음식을 만들어 상에 올리기도 했다. 대부분의 사람들은 메밀을 강원도에서 주로 재배하는 것으로 알고 있다. 하지만 메밀 수확량은 제주도가 전국 최고라고 한다. 강원도에서는 메밀 수확량이 부족하여 제주 메밀을 사서 쓴다고도 한다.

부루 : 상추

예시 부루영 새우리영 많이 줍서. → 상추랑 부추 많이 주세요.

감저 : 고구마

예시 감저가 돌코롬허니 맛 좋은게. → 고구마가 달아서 맛이 좋아요.

지실 : 감자

예시 4·3 때 굴에 숨엉 지실 먹으멍 살아시녜.

　→ 4·3 때 굴에 숨어서 감자 먹으면서 살았어.

눔삐, 무수 : 무

예시 눔삐 하영 심엇당 김장헐 때 써사키여. → 무 많이 심었다가 김장할 때 써야겠어.

검질 : 잡초

예시 주작벳듸 검질 메젠 허난 막 속앗수다예.

　→ 따갑게 내리쬐는 볕에 잡초 뽑으려고 하니 아주 수고했습니다.

보리밧 : 보리밭

예시 보리밧이영 유채밧이영 사진 찍는 사람덜 하신게.

　→ 보리밭과 유채밭에 사진 찍는 사람들이 많네.

어랑어랑허다 : 야들야들하다

예시 비 와나난 부루가 막 어랑어랑허다.

　→ 비 오고 나니 상추가 아주 야들야들하니 부드럽다.

수눌다 : 품앗이하다

예시 밧일이사 수눌멍 해사주 혼자 못허여.

　→ 밭일은 품앗이하면서 해야지 혼자 못한다.

강냉이 : 옥수수

예시 오일장에 가 보난 강냉이 막 싸서라. → 오일장에 가보니 옥수수가 아주 싸더라.

낭 : 나무

예시 과수원에 감낭이영 대추낭이영 잘도 컴서라.

　→ 과수원에 감나무와 대추나무가 잘 크고 있더라.

150

3장

삼천 년의
수명을 갖게 된
사만이

명감본풀이는 주인공의 이름을 따서 사만이본풀이라고도 한다. 사만이의 정명(하늘이 정해준 수명)이 다 되어 차사가 잡으러 왔는데, 이 저승사자를 잘 대접하여 수명을 연장하게 되었다는 신화이다. 그것도 삼천 년이나 말이다

명감본풀이

옛날 옛적 주년국 땅에 소사만이가 살았다. 세 살 때 어머니가 죽고, 다섯 살에 아버지를 여의니 의지할 곳이 없었다. 천애고아가 된 사만이는 떠돌아다니며 문전걸식으로 목숨을 부지하며 자라났다.

비록 거지가 되어 얻어먹고 살았지만 행실이 얌전하니 동네 사람들이 기특하게 여겼다. 그래서 사만이가 열다섯 살이 되자 동네 사람들이 집집마다 돈을 모아 참한 색시에게 장가를 보내주었다.

사만이 부인은 바느질 솜씨가 좋았다. 그래서 이 집 저 집 돌아다니며 바느질 품팔이를 하며 생활할 수 있었다. 그런데 세월이 흘러 자식이 하나 둘 생겨나니 바느질만으로는 먹고 살기가 어려워졌다.

어떻게 해야 이 자식들을 먹여 살릴 수 있을까? 며칠을 궁리해도 뾰족한 수가 없자 하는 수 없이 부인은 가위로 치렁치렁한 머리를 잘라내면서 남편에게 말했다.

"남인님아, 남인님아, 영 놀앙 어떵 삽네까? 이 머리를 장에 가져강 팔아옵서. 돈 석 냥만 받아그네 그걸로 어린 아기덜 먹을 쌀이나 사 옵서."

"어서 걸랑 그리 허자."

사만이가 장에 가서 부인의 머리타래를 팔아서 돈 석 냥을 받았다. 돈 석 냥을 받고나니 엄청 큰 돈을 손에 쥔 것처럼 뿌듯하였다.

'아멩*해도 이 돈으로 쌀을 사는 것이 아깝다. 이걸로 집을 살까, 밧**을 살까.'

얼토당토않은 말을 중얼거리면서 장바닥을 돌아다니다 보니 웬 사람들이 모여서 웅성웅성하고 있는 게 보였다.

'저게 무시거라?'

사람들 사이로 목을 늘여 들여다보니 처음 보는 물건이 놓여 있었다. 부지깽이같이 길쭉한 것이 도통 뭣에 쓰는 물건인지 알 수 없었다.

154

"이게 뭐우꽈?"

장사꾼이 대답했다.

"이건 마세조총이우다. 이것만 가지민 먹어 살 도래●가 이십네다."

이 물건만 있으면 먹고 살 수 있다는 말에 사만이는 눈을 번쩍 뜨며 값을 물었다.

"나가 사쿠다. 얼마나 받암수꽈?"

"하영도 말곡 돈 석 냥만 내십서."

사만이는 돈 석 냥을 주고 마세조총을 받아서는 집으로 돌아갔다.

부인은 남편이 쌀을 사 오면 배고파 우는 아기들 밥해서 먹이려고 이제나 저제나 돌아오기를 기다리고 있었다. 그런데 남편이 쌀은 아니 들고 오고 이상하게 부지깽이 같은 걸 가지고 들어오는 것이었다.

"아이고, 이 양반아. 이게 쌀이우꽈?"

● **아멩** 아무리

●● **밧** 밭

●● **도래** '예, 전력, 전례, 바' 따위의 뜻

"모른 말 말라. 이것만 가지민 먹고 살 도래가 잇댄 허여라."

"아이고, 배 고팡 우는 애기들 안 보염수과? 부지깽인지 뭔지가 어떵 먹을 걸 줍니까?'

부인이 속이 상해서 돌아앉아 눈물을 흘렸다.

사만이는 다음날부터 총을 메고 사냥을 나섰다. 굴미굴산 노주봉산, 매앗인동산, 낮은 굴헝* 사방을 헤매어도 노루 한 마리 눈에 띄지 않았다. 그래서 사만이는 매번 빈손으로 돌아와야 했다. 그걸 본 부인이 속이 상해 바가지를 긁었다.

"이 양반아, 어느 것이 대노리 소노리 노리** 사슴 각록이우꽈? 매번 빈손으로 들어오민 어떵허영 이 불쌍헌 애기들 먹영 살릴 수 이시쿠과?"

"고만 이서보라. 가죽도 한 눌, 고기도 한 눌 잡아올 때가 이실 거여."

"아이고, 내 속이여. 내 속이여."

부인의 성화가 대단했으나 사만이는 태평하게 받아넘겼다. 그러면서 매일같이 총을 메고 산중을 헤매고 다녔으나 빈손으로 돌아오곤 했다.

그날도 노루 한 마리 잡지 못하고 힘없이 산길을 걸어 집으로 향하고 있었는데, 뭔가가 왼쪽 발에 채였다.

"아이코, 이게 무시거?"

다시 발걸음을 옮기려하자 다시 왼쪽 발에 뭔가가 툭 채였다. 삼 세 번을 거듭 왼쪽 발에 채이니 사만이가 고개를 갸우뚱하면서 멈춰섰다.

"왼발을 차민 재수가 좋댄 해신디 이 풀 속에 무엇이 묻어져신고?"

막대기로 풀섶을 헤쳐보니 백 년 된 해골이 뒹굴고 있는 게 보였다.

"아이고, 는착혜불언*!"

못 볼 걸 보았다 생각하고는 고개를 돌려 그냥 가려하는데 다시 왼발에 툭 차이는 게 아닌가.

"이거 무신 일이라? 아멩해도 무슨 곡절이 이신 모양이여."

가만히 서서 곰곰이 생각해보니 이 해골이 자신을 지켜줄 조상인지도 모른다고 여겨졌다. 그렇지 않고서야 삼 세 번 왼발에

---

* **굴형** 움푹 패거나 깊이 빠진 구렁
** **노리** 노루
*** **는착혜불언** 가슴이 덜컹하며 놀랐어

채일 수가 없지 않은가.

사만이는 백 년 해골을 곱게 수습해서는 집으로 돌아왔다. 그러고는 동네 사람이 눈치 채지 못하게 고방의 큰 독 속에 들여놓고는 조상님으로 모시기 시작했다. 집안에 제사 명절이나 대소사가 생길 때마다 그곳에 맨 먼저 음식을 차려 올리곤 했다.

그때부터 사만이는 운수가 대통하여 사냥을 나가기만 하면 노루 사슴이 뭇으로 잡히는 것이었다. 마당에는 가죽이며 고기며 사냥감이 가득하게 쌓이니 매일같이 장마당으로 실어 날라서는 팔았다. 사만이는 삽시간에 부자가 되었다.

어느 날 사만이가 깜박 잠이 들었는데, 비몽사몽간에 백발노인이 고방에서 나오는 것이 보였다. 백발노인은 부부를 부르며 말을 했다.

"사만이 부부야, 너희들은 어떡 경 무심히 잠을 잠시냐? 사만이 수명이 서른 셋, 만기가 되난 저승 염라대왕한테서 너를 잡으러 삼차사가 내릴 듯허다. 사만이야, 어서 바삐 일어낭 머리 짧게 깎아두고 날 만나던 삼도전거리에 가서 정성을 들이라. 내일 모레 밤이면 삼차사가 내려온다. 삼거리에 족자 병풍 두르고 비자나무 겸상에다 맑은 음식 잘 차려서 향초를 피우고 네 성명 석자를 썽 제상 밑에 붙여놓으라. 경허고 너는 백보 바깥에 엎드령 조용히 기다리되 누가 왕 불러도 얼른 대답허지 말라. 그리 기다리당 세 번째 부르거든 그때사 머리를 들엉 대답허라."

백발노인은 사만이에게 일러준 뒤 그의 부인에게도 할 일을 당부했다.

"사만이 부인일랑 날이 새거든 심방을 청해당 바깥으로 염랫대를 세우고 저승의 염라대왕을 청해서 시왕맞이 굿을 하되, 염라대왕에게 관대를 세 벌, 띠 세 개, 신발 세 켤레를 장만해영 올리라. 항아리에 좋은 쌀 가득 담앙 올리고, 황소 사만삼 필을 대령하여 액을 막고 이시민 알 도리가 이실 거여."

벌떡 깨고 보니 꿈이었다.

"이거 무신 꿈이라? 아멩해도 내 수명이 다 되었다고 조상님이 살 도리를 알려주는 모양이여."

부부는 백발노인이 일러준 대로 하기로 했다.

사만이 부부는 심방을 청해다가 마당에 염랫대를 세우고 시왕맞이 굿을 시작했다. 그리고 날이 저물자 삼거리로 나가 조용한 곳에 족자 병풍을 둘러치고 비자나무 겹상에다 말발굽 같은 흰 시루떡에 계란 안주, 청감주 갖가지 음식을 장만하여 차려놓았다. 그러고는 노인의 분부대로 '사만이' 이름 석 자를 써서 제상 밑에 붙여 놓고 백보 바깥에 가서 조용히 엎드리고 있었다.

초경이 지나고 이경이 넘어 삼경이 박두하니 아닌 게 아니라 염라대왕의 분부를 받은 삼차사가 이승으로 내려섰다. 사만이는 엎드린 채로 소리 없이 귀를 기울였다.

차사들이 삼거리로 다가오며 말을 나누었다.

"야, 이상허게 시장기가 나서 걷기가 벅찬게."

"우리도 경허여. 이거 무신 일이라?"

"경헌디 어디서 좋은 향내가 남져."

"저기, 불이 싸˚. 저기 한번 가보게."

세 차사가 가까이 오더니 음식상을 발견하고는 배가 고픈 김에 청감주며 계란안주며 닥치는 대로 먹기 시작했다.

"야, 이제 산이라도 넘곡 물이라도 넘어가키여."

배가 부른 차사들이 흐뭇하여 이리저리 둘러보다 제상 밑에 붙어 있는 '사만이'라는 이름을 보았다.

"아이고, 이거 큰일 낫저."

"무사?"

월직차사가 말했다.

˚ **싸** 켜져

"이거 봐게. 난데 엇는 백지에 사만이 이름 써 잇수다."

지황차사 인황차사도 주저앉아 걱정하기 시작했다.

"아, 이거 우리가 사만이 음식을 먹어븐 거 닮다."

"남의 음식을 공으로 먹으민 목 걸리는 법인디 어떵허코?"

"경허지 말앙 우리 삼차사가 사만이 이름을 한 번씩 불러보는 것이 어떻흐여?"

"어서 걸랑 그리 헙주."

천황차사가 "사만아" 하고 불렀다. 아무 대답도 없었다. 지황차사도 "사만아" 하고 불렀지만 아무 대답도 없었다. 그런데 인황차사가 사만이를 부르자 백 보 밖에서 "예" 하고 대답하며 고개를 드는데 사만이가 틀림없었다.

가슴이 덜컥 내려앉은 세 차사는 모여앉아 의논을 했다.

"이거 큰일 나신게. 남의 음식을 공으로 먹어놓고 사만이를 이리 잡아갈 수는 엇는 노릇이니 후제*어떵 됨서라, 몬여** 사만이 집으로 걸읍서."

차사들은 사만이를 앞세워 집에 가보았다. 사만이집 마당에 들어서니 염랫대를 세워놓고 시왕맞이 굿을 하고 있었는데, 그 차림새를 보니 정성이 지극하기 그지없었다. 관디 세 벌, 띠 세 벌, 신발 세 켤레에 황소 사만 필까지 대령하여 액을 막고 있었다.

차사들을 고개를 흔들었다.

"자, 이차락 정성이니 어떵 사만이를 잡아갈 수 있수과?"

세 차사는 권유하는 음식을 받아먹고, 쌀동이며 황소며 주는 대로 받아놓았다. 먼 길을 오느라고 신발도 떨어지고 관디도 떨어진 판이라 신발도 새것으로 갈아 신고 관디도 새것으로 갈아입었다. 띠도 새것으로 갈아 메고 보니 기분이 썩 좋아졌다.

후한 대접을 받은 세 차사는 사후 대책을 의논했다. 저승으로 돌아가면 동자판관실(童子判官室)의 장적(帳籍)에서 사만이의 정명을 고쳐버리자는 의견이 나왔다. 모두들 그 수밖에 없다고 입을 모았다.

세 차사는 서둘러 저승으로 돌아갔다. 마침 염라대왕과 동자판관이 시왕맞이 굿을 받으러 인간세상에 내려가버린 후였다. 이 틈을 타서 차사들이 장적을 폈다. 장적에는 사만이의 정명이 삼십이라 쓰여 있었다.

차사들은 일만 개의 벼루에다가 일천 장의 먹을 갈아 붓 한 자루를 꺼내어 적셨다. 그러고는 장적의 삼심의 열 십(十) 자 위에다 눈을 딱 감고는 한 획을 싹 비껴 그어버렸다. 십자는 천(千) 자가 되고 한순간에 사만이의 정명은 삼천 년이 되어버린 것이다.

"자, 일을 영 내와 불어시난 어떵헐거라. 붸린 체 말앙 속솜홀 수 벳이•."

장적을 탁 닫아놓고 세 차사는 동자판관실을 나왔다.

얼마 안 있어 저승으로 돌아온 염라대왕과 동자판관이 세 차

•**후제** 나중에

••**몬여** 우선. 먼저

•••**붸린 체 말앙 속솜홀 수 벳이** 본 것처럼 하지 말고 입 다물 수밖에

사를 불렀다.

"어째서 사만이를 아니 잡아왔느냐?"

"염라대왕님아, 동자판관에게 물어보옵소서. 사만이는 아직 정명이 아니 되어신디 어떻허연 잡아들이라 했소이까? 사만이는 삼십이 정명이 아니라 삼천 년인 줄 아옵니다."

"뭐? 삼천? 그건 또 무슨 말이냐? 동자판관 이게 어찌된 일인지 얘기해보시오."

동자판관이 놀라 장적을 걷어보았다.

"아이고, 이거 오착이 되었소이다. 삼십 년일 줄 알았는데, 십(十)자 위에 한 획이 비껴 그어져 있는 것을 몰랐소이다."

동자판관이 머리를 긁적이며 정명을 잘못 알았다고 염라대왕에게 아뢰었다.

이렇게 하여 주년국 땅 소사만이가 삼차사에게 액을 막아 삼천 년을 살 게 되었다는 이야기이다.

신화, 펼치기

오래 살고 싶은 소망이 담긴 사만이 이야기

인간에게는 건강하게 오래 살고 싶은 소망이 있다. 하지만 어느 누구도 죽음을 피할 수 없으며 또한 언제 죽을지도 알 수 없다. 이승의 호적과 같이 저승에는 인간의 수명이 기록되어 있는 장적이 있는데 그곳에 모든 사람의 수명이 기록되어 있다고 생각했다.

언제까지 수명을 유지할지 미리 정해져 있는 것, 이를 그 사람의 '정명'이고 한다. 이 정명을 고칠 수만 있다면 오랫동안 목숨을 부지할 수 있지 않을까? 이러한 상상과 소망이 담긴 이야기가 명감본풀이 사만이 이야기이다. 명감본풀이는 사만이가 하늘이 정해준 수명인 정명이 다 되어 차사들이 잡으러 왔는데 이 저승사자를 잘 대접하여 수명을 연장하게 되었다는 이야기이다. 그것도 삼천 년이나 말이다.

이 명감본풀이는 액막이굿에서 노래하는 신화이다. 액막이는 병든 사람의 목숨 대신 희생으로 닭을 죽여 액운을 막는 굿인데, 여기에서 사만이본풀이를 노래하고 나서, "이러한 옛일에 근거하여 액을 막습니다"라고 말하면서 붉은 수탉의 모가지를 비틀어 사람의 목숨 대신 바깥쪽에 내던진다고 한다. 사만이본풀이는 액을 막는 근거로 제시하는 신화인 것이다.

그러면 사만이본풀이의 어떤 내용이 액을 막는 근거가 되는 것일까? 사만이는 저승의 장적에 따르면 수명이 삼십 살이었다. 그런데 사만이를 잡으러 온 저승차사를 잘 대접한 결과 그들이 '십(十)' 자를 '천(千)' 자로 고쳐주어 삼십 년 수명이 삼천 년이 되었다. 그래서 사만이처럼 차사를 잘 대접하고 있으니 사람 목숨 대신 닭을 잡아가라고 하면서 닭을 죽여 내던지는 것이다.

신화에서는 저승차사가 소원을 들어줄 수밖에 없는 상황을 만들어간다. 사만이 부부는 해골이 시키는 대로 심방을 청해다가 마당에 염랫대를 세우고 시왕맞이 굿을 했다. 그리고 날이 저물자 삼거리로 나가 조용한 곳에 족자 병풍을 둘러치고 비자나무 겹상에다 말발굽 같은 흰 시루떡에 계란안주 청감주 갖가지 음식을 장만하여 차려놓았다.

초경이 지나고 이경이 넘어 삼경이 다 되어 염라대왕의 분부를 받은 삼차사가 이승으로 내려섰는데 먼 길 오느라 몹시 시장하였다. 그러던 차에 잘 차려진 음식상을 발견하고는 배고픈 김에 청감주며 계란안주며 닥치는 대로 먹기 시작한다. 그런데 배가 부른 차사들이 흐뭇하여 이리저리 둘러보다 제상 밑에 붙어 있는 '사만이'라는 이름을 보고는 몹시 곤란해 한다. 그러면서 하는 말이, "남의 음식을 공으로 먹으면 목 걸리는 법"이라는 것이다.

차사를 잘 대접하여 놓고, 남의 음식을 공으로 먹지 말고 액을 막아 수명을 늘려 달라고 부탁하는 것이다. 이렇게 사만이본풀이는 액을 막는 근거로 제시하는 신화로 시왕맞이 굿이 끝나갈 무렵에 노래한다.

사만이본풀이에 나타난 조상숭배 전통

사만이는 부인이 머리카락을 끊어 주며 장에 가서 팔아 쌀을 사 오라고 했는데 마세조총을 사 들고 온다. 육지에서는 신화 속 인물들이 활을 가지고 사냥을 하는 것으로 나오는데 제주에서는 활 대신 마세조총을 쓰는 것이 특징이다.

사만이가 이 마세조총을 가지고 사냥을 다니는데 하나도 잡지 못했다. 그런데 사냥을 다니던 중 삼 세 번을 거듭 왼쪽 발에 채는 해골을 발견하고는 가지고 와서 조상님으로 모시기 시작했다. 사만이는 집안에 제사 명절이나 대소사가 생길 때마다 맨 먼저 음식을 차려 올리곤 했다.

그때부터 사만이는 운수가 대통하여 사냥을 나가기만 하면 노루며 사슴이며 뭇으로 잡혔다. 그래서 마당에는 사냥한 짐승의 가죽과 고기가 가득하게 쌓아지고 매일같이 장마당으로 실어 날라서는 팔다 보니 삽시간에 부자가 되었다고 한다.

이러한 내용은 조상을 신으로 생각하는 전통과 함께 조상을 잘 모시면 집안이 잘되게 도와준다는 관념과 관련이 있다. 제주 사람들은 조상께 지내는 제사를 매우 중요하게 생각하는 문화를 가지고 있다. 요즘은 기제사를 간편하게 지내는 추세인데 제주도는 여전히 엄격하게 제사풍습을 유지하는 집안이 많은 것이다.

 제주의 신화들을 일반본풀이와 당본풀이 그리고 조상본풀이
로 나눌 수 있다. 조상신에 대한 신화가 제주도 신화의 한 축을
이루고 있는 것이다. 현용준의 『제주도무속자료사전』에 소개
한 조상본풀이는 15개에 이른다. 특히 와산 마을에서는 조상본
풀이로 '고전적 이야기'와 '양씨아미 이야기'가 전해지고 있다.
조상을 위해 "큰굿을 하면 큰 밭을 사고 작은 굿하면 작은 밭을
산다"는 말과 함께 조상을 위해 굿을 한다.
 '고전적본풀이'와 '양씨아미본풀이'는 둘 다 비극미가 돋보이
는 신화이다. 두 신화는 비극적으로 죽은 이를 신으로 모시는
신앙과도 연결된다. 그중에 고전적본풀이를 읽으며 고전적이
어떻게 하여 조상신으로 받들어지게 되었는지 살펴보자. '전적'
은 벼슬 이름이다. 소개하는 신화는 심방이 가창한 것을 서사형
식으로 풀어 쓴 것이다.

 옛날 고전적 할아버지는 어려서부터 그렇게 영특할 수가 없
었다 한다. 이목구비 또렷하고, 눈에 총기가 서려 있는 게 얼
굴은 관옥이요 노는 것은 글발이라 모두들 한 인물 났다고 입
을 모았다. 일곱 살이 되면서 서당에 글공부를 갔는데, 선생님

이 하늘 천을 읽으면 고전적은 땅 지를 먼저 읽는 것이, 읽는 것도 장원이요 쓰는 것도 장원이라 할 만했다.

고전적 나이 열다섯이 지나고 스물이 가까워지면서 혼인을 하여 곱디고운 딸아기를 하나 얻었다.

어느 날 서울 상시관에서 과거 보러 오라는 방이 붙었다. 고전적은 과거시험을 보기 위해 한양으로 올라가야 했다. 그래서 예촌 양좌수 댁과 딸아기를 구덕혼사(요람인 아기구덕에 눕혀 흔들던 아기 때 부모끼리 사돈을 맺어 혼인을 시키는 것)를 시켜놓고 한양으로 길을 떠났다.

과거둥당 올라간다. 삼천선비 모여든다.
동헌앞에 모여앉아 과거시험 글제받아
일필휘지 장원글발에 이름 석 자 부르는구나.

고전적은 당당히 과거급제를 하고 벼슬을 살게 되었다. 첫 벼슬은 내직(內職), 두 번째는 외직(外職), 세 번째는 참의참관, 네 번째는 전적(典籍) 벼슬, 다섯째는 현감(縣監) 벼슬을 살았다.

고전적이 장의 현감을 다 살고 나서는 제주섬으로 내려오려고 채비를 했다. 그런데, 벼슬을 하면서 많은 선덕을 베풀었는지라 백성들이 고전적을 붙들고 놔주지 않았다. 하나뿐인 딸 아기도 보고 싶고 해서 서둘러 제주섬으로 내려가려 했으나 백성들의 간청을 뿌리칠 수 없어 삼 년을 더 살아야 했다.

그렇게 벼슬을 마치고 나서 떠나려 하니 이번에는 고전적을 연모하던 한양일월이 붙들었다.

"나으리, 가지 마옵소서. 한양에서 나하고 백년해로 합시다."

"안 될 말이여. 고향에 부모님 연로하시고, 부인이영 단딸아 기도 나 하나만 기다리는데 어찌 한양에 눌러앉앙 살 수 이시 커냐?"

한양일월이 고전적의 소매를 붙들고 눈물을 흘렸다.

"나으리, 그러면 이 몸도 데려가주소서."

고전적이 냉정하게 뿌리쳤다.

"그건 더욱 안 될 말이여. 제주절도가 어디라고 쫓아오젠 햄 시냐?"

고전적이 뒤도 안 돌아보고 그렇게 떠나버리자 한양일월은 가슴에 한을 품을 채 쓰러지고 말았다.

고전적은 하루라도 빨리 딸아기도 보고 싶고 고향 땅도 그 리워 제주섬으로 발길을 재촉했다.

와라차라 내려간다. 영암 덕진 다와간다.

제주절도 무사귀환 정성으로 제올린다.

산신당에 제올리고 해신당에 제올려라.

높이 떴다 청일산이여 높이 떴다 흑일산이여

삼만관속 거느리고 제주절도 돌아간다

고전적 일행이 영암 덕진다리에 다가왔을 때이다. 열일곱 여덟쯤으로 보이는 어여쁜 아기씨가 머리에 오색상자를 이고 앞을 가로막았다.

고전적이 얼굴을 찌푸리며 호령을 했다.

"웬 여자가 남자 행차하는데 길카름하느냐(길을 막느냐)?" 여자라고 하는 것은 꿈에만 보여도 재수가 엇인거, 속히 심어(잡아) 드리라!"

머슴들이 잡으러 달려가자 아기씨가 고전적을 힐끗 쳐다보고는 소나무 밭으로 호로록 기어 들어가버렸다. 순간 고전적은 한양일월을 본 것 같았다.

'한양일월이 여기까지 쫓아올 리 없는디. 거참 이상한 일이로고…….'

머슴들이 소나무밭으로 쫓아 들어가보니 아기씨는 강간무레 간데없고 오색상자만 덩그러니 놓여 있었다.

"이거 뭔 상자고? 높은 집 아기씨 패물 같은디."

"아무도 보는 사름 엇는디, 살짝 열어봅주."

머슴들이 상자를 열어보니, 진녹색 저고리에 연반물 치마, 은비녀 녹비녀, 은가락지 녹가락지, 주홍빛 벌모작(매듭)이 놓여 있었다.

"아이고, 이것들 꽤 값나가는 것들이여."

욕심이 난 머슴들이 눈을 빛내며 소곤소곤 입을 맞추었다.

"야, 이거 우리 현감님 모르게 제주에 가져가민 한 재산이루커라."

"이거 곱정(숨겨서) 가져가서 나중에 나눠 가지주. 경허난 현감님이 알믄 안 되여. 알았지?"

머슴들을 오색상자를 장옷 속에 숨겨놓고는 고전적한테로 돌아왔다. 머슴들은 시치미를 떼고 태연하게 아뢰었다.

"현감님, 소낭밭에 잡으러 가보난 온데간데 흔적도 어십디다."

"거참, 이상한 일이로고. 분명히 저기 소낭밭으로 들어가신디, 샅샅이 찾아보앗이냐?"

"예, 아무리 뒤져봐도 흔적조차 엇이난 귀신이 곡할 노릇이우다."

"경허민 할 수 엇고, 어서 글라(가자)!"

고전적이 포구로 내려와서 배를 띄우려 하니 바람이 거세게 불면서 파도가 뒤집어졌다. 그렇게 거친 바람이 석 달 열흘 그치지 않고 불어대니 파도가 거칠어 도저히 배를 띄울 수 없었다.

　고전적은 하도 답답하여 동네에 이름난 장님을 찾아가 점을 쳐 보았다.

　점을 치던 맹인이 고개를 저으며 말했다.

　"현감님, 입으로 지은 죄가 잇수다. 배 아래를 보십서. 배 아래를 뜯어보면 뭔가 놓여 있을 거우다. 그걸 바당에 띄워 북 장구를 울리면서 제를 지내면 거친 바람 잦아들고 실바람이 불 거우다."

　고전적이 포구로 돌아와 친히 배 아래를 뜯어보니, 거기에 오색상자가 놓여 있는 게 아닌가. 고전적은 오색상자를 바다에 띄우면서 말했다.

　"나영 인연 있는 조상이건 어서 같이 제주절도로 가게 마씸. 경허난 실바람 솔솔 불게 해주십서."

　고전적이 닭을 잡아 제물로 올리면서 북과 장구를 치게 했다. 그러자 거친 파도 잦아들고 명주바다에 실바람이 일어났다. 깃발을 올리고 어영차 노를 저으니 배가 쑥쑥 물길을 가르며 제주섬을 향하여 달렸다.

명주 바당에 솔솔 실바람 일어난다

깃발을 올려라 제주절도 내려가자

영차 어영차 영차 어영차

닻 올려라 노 저어라

와령 와령(서둘러) 제주절도 내려가자

한편 제주에서는, 아기씨 몸종인 악생이가 대바구니에 빨래감을 들고 화북포구로 나왔다.

화북 바닷가 금돈지에는 용천수가 흘러나와 물도 마시고 빨래도 하는 그런 곳이 있었다. 악생이가 빨래감을 바위 위에 놓아두고 먼 바다를 휘둘러보는데 알록달록 예쁜 오색상자가 두둥실 떠다니고 있었다.

"아이구야, 저건 뭔고 이? 알록달록 곱기도 허다."

악생이는 반짝이는 그 상자를 잡아보려고 팔을 뻗었다. 파도 따라 둥실둥실 밀려나는 바람에 팔이 짧아 상자를 잡을 수가 없었다.

"나영 인연 있는 조상이건 요 앞으로 옵서."

그 말이 끝나기 무섭게 상자가 악생이 앞으로 쑥 밀려오는 게 아닌가. 악셍이는 얼른 상자를 잡아올렸다.

"참말로 알록달록 곱구나! 근디 속에 뭐가 들어 있는고?"

악생이는 얼른 뚜껑을 열어보았다. 진녹색 저고리 연반물 치마가 보였다.

"아유, 곱기도 고와라. 우리 아기씨 입으면 곱닥허키여."

악생이는 빨래감도 내버려둔 채 치마저고리를 들고 아기씨가 있는 별당으로 달려갔다.

"아기씨, 영 곱닥헌 저고리 치마를 본 적이 엇수다. 어서 입어봅서."

아기씨도 예쁜 치마저고리를 보자 좋아서 입이 허우덩싹 벌어졌다. 아기씨는 악생이가 거들어주는 대로 치마저고리를 갈아입었다. 옷을 다 입고 거울에 한 번 비춰보고는 어디 자랑할 데 없나 하면서 밖으로 나가려 하니 갑자기 몸이 오소소 떨려왔다.

아기씨는 와들와들 몸을 떨면서 이를 닥닥 부딪혔다.

"악생아, 어깨에 청지네가 기어감저. 아이고 등짝으로 흑지네가 기어가는 거 닮다."

아기씨의 눈이 뒤집어지고 입에서는 거품이 뿜어져 나오더니 비명을 지르면서 어디론가 달려나갔다.

"아기씨, 아기씨!"

악생이가 소리를 지르며 아기씨를 찾아 달려갔으나 이내 온데간데없이 행방을 감추었다.

"아이고, 아기씨! 이 무슨 일인고! 어떵허믄 좋아!"

악생이는 혹시나 하고 화북 금돈지로 달려가보았다. 그런데 화북 금돈지에는 고전적 나으리가 하인 관속을 거느리고 내려와 있는 것이 아닌가.

"아니고, 나으리 오셨구나! 나으리, 제가 죽을 죄를 지엇수다."

고전적은 악생이를 보자 반가와 달려왔다.

"악생이 아니냐? 그래 아기씨는 잘 있느냐?"

"나으리, 죽을 죄를 지엇수다. 이를 어쩌면 좋으쿠과"

"도대체 무슨 일이냐?"

"다름이 아니오라 아기씨 상전님이 온데간데 엇어젓수다."

고전적이 펄쩍 뛰었다.

"거 무슨 말이고? 우리 딸아기한테 무슨 일이 이시냐? 혼저(서둘러) 말해보라."

악생이가 엉엉 울면서 자초지종 아뢰었다.

"게난예, 제가 저기 바당에서 오색상자 그러니까 그 속에 있는 치마저고리를 봉가당(주워서) 그걸 아기씨한테 입혀드려신디 그만 아기씨가 실언광증 되어수다."

"이런 죽일 년이 이시냐. 당장 아기씨를 찾아오라. 아니 찾아오면 청댓잎에 목 걸려 죽을 줄 알라."

악생이는 비새처럼 울면서 아기씨 상전을 찾아 돌아다니기 시작했다. 그러다가 문득 시댁에나 갔는가 하여 예촌 양좌수 댁으로 달려갔다.

마침 같이 한 방 썼던 하녀 느진덕정하님이 문밖으로 나서고 있었다.

"혹시 여기 우리 아기씨 상전님이 안 와서냐?"

느진덕정하님이 고개를 휘휘 저으면서 대답했다.

"아이고, 말도 말라 야. 어둑어둑 노을이 진 후에 올레에 있는 늙은 동백낭 아래로 피리 소리 구슬프게 흘러나오는 거라. 경허연 그 소리를 좇아가보난 아기씨가 옷은 갈기갈기 다 찢어지고 온몸에 피가 낭자하니 흘러내리는 채 서 있는데 난 귀신이 나온 줄 알고 심장이 떨어지는 줄 알앗져. 경허연 아기씨를 붙들어다가 목욕시키고 옷을 갈아입혀시녜. 경헌디 머슴들이 밭에 일하러 가는데 그만 좇아가불엇져."

악생이의 입이 바짝바짝 타들어갔다.

"아이고, 어떵허코? 어느 밧으로 가신지 골아줘(말해줘). 아기씨 못 찾으면 난 죽은 목숨이여."

"경허난 요기로 해서 저디 가보민 잇어. 혼저(어서) 가보라."

거의 실성한 모양으로 허둥대며 악생이는 느진덕정하님이 가르쳐준 곳으로 달려갔다.

악생이가 상전집 논밭으로 달려가보니, 아닌 게 아니라 아기씨가 거기 있었다. 그런데 아기씨는 정말로 미쳤는지 은결같이 고운 팔뚝을 걷어 올리고 정강이를 내놓은 채 이리 참방 저리 참방 물장난을 치며 헤헤 웃고 있는 것이 아닌가.

"아이고, 아기씨. 영 허지 맙서. 어서 가게 마씸. 아기씨가 그렇게 기다리고 기다리던 아버님이 왔수다."

아기씨는 실실 웃으면서 투정을 했다.

"헤헤, 청가마도 안 보염져. 백가마도 안 보염져. 내가 타고 갈 가마가 안 보염져."

"아기씨, 영 허지 맙서. 제가 업엉 가쿠다. 어서 업읍서."

싫다고 뿌리치는 아기씨를 억지로 업고 끌고 하면서 집으로 데려갔다.

실성한 딸아기를 본 고전적은 억장이 무너졌다. 아기씨는 아버지 보고서도 헛것이 앞을 가리는지 자꾸만 밖으로 내달아 나려고 했다. 하는 수 없이 딸을 방 안에 가두고 문을 잠갔다.

방 안에 갇힌 아기씨는 밥을 주어도 아니 먹고 물을 주어도 먹지 않았다. 하루이틀 그렇게 지내다 보니 시들시들 말라갔다.

고전적의 속도 바짝바짝 타들어갔다. 참다 못한 고전적이 가물개에 소문난 심방을 찾아가 점을 쳐보았다. 그러자 점을 치던 심방은 말했다.

"말하기 죄송허우다마는, 냉정하게 거절해두고 온 죄 때문이우다. 물거품에 떠내려온 넉매물색(귀신이 붙은 치마저고리) 입은 탓이우다. 그러니 두이레 열나흘 굿을 해야 병이 나을 수이십주."

고전적이 펄쩍 뛰었다.

"양반집에 굿이 웬 말이냐?"

고전적이 굿은 안 된다고 거절하고는 집으로 돌아왔다.

소문을 들은 일가친척들이 몰려와 고전적을 설득하기 시작했다.

"현감님아, 어찌 죽음과 삶이 맞설 수 잇수과. 우선 사름이 살려야주 마씸. 어서 굿이라도 해서 똘아기를 살립서."

일가친척이 모두 나서 설득하자 고전적도 마음을 돌렸다. 그래서 가물개 심방 이원신을 불러 굿을 하기 시작했다.

이원신이 나서서 열 나흘 큰굿을 하기 시작했다. 정성으로 굿을 하던 심방이 말을 했다.

"굿은 끝나수다만, 현감님아, 제가 죽어도 할 말을 해야쿠다."

"무슨 말이냐? 해보라."

"아기씨 상전님이 마당에 내려서 춤을 추어야 병이 나으
쿠다."

고전적이 안 된다고 고개를 홰홰 저었다.

"양반집 애기한테 춤이 무슨 말이고? 안 될 말이여."

"경 안허믄 아기씨는 죽습니다."

고전적이 안 된다고 버티니 다시 일가친척이 나서서 좋은
방안이 있다고 설득하기 시작했다.

"대신 악생이한테 똘아기 옷을 입혀서 춤을 추도록 하면 어
떵허코?"

"거 좋은 생각이우다. 경 해봅주마씸."

듣고 섰던 악생이가 비척비척 울기 시작했다.

"아이고, 나가 어떵 심방춤을 춥니까?"

"이년아, 이 사단이 다 너로 인해 생긴 거 아니가? 경허난 너
가 대신 짊어질 일이여. 네 년이 살고자 허믄 어서 옷 갈아 입
으라."

마지못해 악생이가 심방옷을 입고 춤을 추기 시작했다.

니나난니 난니야, 니나난니 난니야,

니나난니 난니야 에헤 니나난니를 춤을 춘다.

비극적으로 죽은 아기씨를 위한 동이풀이 춤. 항아리에 한복을 입혀 아기씨로 표현했다

고전적 하르방 상차림. 닭으로 고전적을 표현했다

심방 이원신이 말을 했다.

"현감님아, 이 기도가 하늘에 올라 삼일 사일 오일 닷새 칠일 일뤠가 되어 동네 사방 팔방으로 초혼(招魂) 소리가 나건 애기씨 끈어지듯 살아날 줄 알고 초혼소리가 아니 나건 방문을 열어봅서. 알 도리가 이실 거우다."

심방 이원신이 굿을 끝내고 돌아가고 하루 이틀 칠일 일뤠가 되어도 초혼소리가 나지 않았다. 기다리던 악생이가 아기씨 방문을 열어보니 아기씨가 새파랗게 죽어 있었다.

악생이가 달려들어 아기씨를 감싸 안았다.

아이구 설운 우리 아기씨
그만 죽어불엇구나
불쌍하게도 죽엇구나
아이고 적막하다
이 일이 모두 나로 인해 난 사단이로구나

악생이가 울부짖다 쓰러지더니 그만 숨이 끊어지고 말았다. 고전적도 죽은 아기씨를 하염없이 바라보다 방으로 들어와 쓰러지듯 눕는다는 게 다시는 일어서지 못했다.

아기씨도 악생이도 고전적도 모두 숨이 끊어졌다는 소식을 들은 심방 이원신은 탄식하며 몸을 부르르 떨더니 그 또한 쓰러져 죽고 말았다.

한 목숨 살리려다 네 목숨 죽었구나
명도암 안테왓 고장난밭에
전생에 팔자 궂은 형제 자손(심방, 즉 무당)은
이 마을 본향(본향당)으로 놀고
장자엣 자손은 일월(조상신)로도 모십네다
큰굿하면 큰 밭 사고
작은굿 하면 작은 밭 사고
일월조상 난산국 신풀어 올렸습니다.

펜지 왓져 펜지 왓져	편지 왔네. 편지 왔어
씨왓 죽은 펜지 왓져	첩이 죽었다는 소식 실은 편지 왔어
궤기에도 밥이 씨단	고기에도 밥이 쓰다가
ᄉ곰에도 밥이 돌다	소금에도 밥이 달다
앞밧듸도 묻지 말곡	앞밭에도 묻지 말고
뒷밧듸도 묻지 말곡	뒷밭에도 묻지 말고
가시왕에 묻어근에	가시밭에 묻어서는
가시ᄋ름 올거근에	가시 열매 열거든
먹도 말곡 씨도 말라	먹지도 말고 쓰지도 말라

펜지 : 편지
왓져 : 왔네
씨왓 : 첩(남편이 바람 피워 맞아들인 부인)
궤기 : 고기
씨단 : 쓰다가
ᄉ곰 : 소금

돌다 : 달다
앞밧듸 : 앞밭에
가시왕 : 가시밭
가시ᄋ름 : 가시열매
씨도 말라 : 쓰지도 말라

남편의 사랑을 빼앗아간 첩에 대한 미움의 감정을 보여주는 민요이다. 고기에도 밥맛이 없다가 첩이 죽었다는 소식에 소금에도 입이 달다고 말한다. 시신을 가시밭에 묻어 두고 거기에서 열매가 나도 먹지 말라고 하면서 평소의 서러움을 표현하고 있다.

4장

집 안을 지켜주는
문전신과 조왕할망

문전본풀이는 특히 계모인 노일제대귀일의 딸 악행을 강하게 드러내고 있다. 그래서 굿청에 있는 청중 가운데 의붓자식을 키우고 있는 여자들은 문전본풀이를 들으며 자신의 상황을 돌아볼 수밖에 없는 것이다. 이렇게 문전본풀이는 계모의 윤리적 행위를 강조함으로써 가정의 평화를 유지하고자 하는 의도가 담겨 있다고 할 수 있다.

문전본풀이

옛날 옛적에 남선 고을의 남선비와 여산 고을의 여산부인이 부부가 되어 살았다. 집안은 가난하여 살기가 어려운데 아들이 하나 둘 태어나는 것이 일곱 형제나 되었다.

하루는 어렵게 살림을 꾸리던 여산부인이 남편에게 말했다.

"낭군님아, 자식이 일곱이나 되는디 이래가지고는 살 수가 엇수다. 가만히 앚앙 있지 말앙 무곡(貿穀) 장사나 해보는 것이 어떵허우꽈?"

"어서 걸랑 그리 허자."

남선비는 부인이 권하는 대로 장사를 해보기로 했다. 배를 한 척 마련하고 쌀을 살 밑천을 모으자마자 장삿길에 나섰다. 남선비는 부인과 아들들에게 돈 벌어오겠다고 약속하고는 남선 고을을 떠나 배를 띄우고 바람 부는 대로 물결 이는 대로 흘러 다녔다.

어느덧 배는 오동 나라 오동 고을에 닿았다. 오동 나라 오동 고을에는 노일제대귀일의 딸이라는 여인이 있었다. 그 여인은 간악하기로 사방에 소문이 났지만 남선비는 이를 알 길이 없었다. 노일제대귀일의 딸은 남선비가 무곡 장사 왔다는 소문을 듣고는 선창가로 부지런히 달려갔다.

노일제대귀일의 딸은 남선비에게 다가가 없는 언강*을 사뭇 부려가면서 간드러지게 말을 했다.

"남선비님아, 남선비님아, 조금 쉬당 갑서. 우리 심심소일로 내기 장기나 두멍 노념놀이**나 허여보게마씸."

남선비는 여인의 간드러진 목소리에 허우덩싹 입이 벌어지며 이끄는 대로 따라갔다.

"어서 걸랑 그럽소서."

둘이서 장기판을 벌여두고 이리저리 몇날 며칠을 두면서 놀

---

* **언강** 애교
** **노념놀이** 놀면서 하는 놀이

다 보니 타고 온 배는 물론이고 쌀을 살 돈까지 모조리 빼앗기고 말았다. 남선비는 어쩔 수 없이 노일제대귀일의 딸을 첩으로 삼아 끼니를 얻어먹으며 살기로 했다. 그리하여 노일제대귀일의 딸과 새살림을 시작하였다.

노일제대귀일의 딸은 남선비를 나무돌쩌귀에 거적문을 단 수수깡 외기둥 움막에 들여놓고 먹을 거라고는 겨죽이나 끓여주니 거지 신세가 따로 없었다. 남선비는 겨죽단지를 옆에 끼고 앉아 혀를 내밀고 할딱이는 개를 쫓으면서 꾸벅꾸벅 조는 게 일이었다.

"요 개 저 개, 허이, 주어 저 개!"

이렇게 어두운 움막에서 겨우 죽지 않을 만큼 얻어먹으면서 한 해 두 해 보내다 보니 남선비는 눈까지 어두워져버렸다.

여산부인은 이제나 남편이 올까 저제나 올까 기다리다가 연 삼 년 소식이 없자 아들들을 불렀다.

"느네 아버지가 무곡장사 가신디 여태 지금 아니 오는 걸 보난 반드시 이런저런 복잡한 일이 이신 거 닮다. 굴미굴산 올라강 곧은 낭 베어다가 내 한 척 지어주민 너의 아버지를 찾아오마."

다음 날부터 아들 일곱 형제는 깊은 산에 들어가 곧은 나무 베어다가 배 한 척을 지어놓았다. 여산부인은 아들들과 이별하

고 남편을 찾아 길을 떠났다. 배를 띄워 바람 부는 대로 물결 이
는 대로 흘러 다니며 남편을 찾는데 어느덧 오동 나라 오동 고
을에 닿았다.

여산부인은 오동 고을을 훑으며 남편을 찾아 헤매었으나 종
적을 알 수 없었다. 되는 대로 길을 따라 걷고 있는데 기장 밭에
서 새 쫓는 아이들을 만났다. 아이들은 새를 쫓으며 노래를 불
렀다.

"이 새 저 새 너무 욕은 체 허질 말라. 남선비 욕은 체 해봐도 노일제대귀일의 딸한티 홀령 배고 뭐고 다 빼앗기고 비조리 초막*에 앚앙 체죽단지 옆에 끼고 이개 저 개 쫓으멍 살암저."

무심코 듣던 여산부인은 정신이 번쩍 들었다. 분명 '남선비'라는 말을 들었던 것이다.

"애들아, 애들아. 아까 한 말을 한 번 더 해보라."

"예? 우리 아무 말 안 헷수다."

"경허지 말고 아까 헌 말 다시 골아주민** 내가 여기 떡 하나 주마. 남선비가 뭐 어떻다고?"

"아, 남선비가 노일제대귀일의 딸한티 홀랑 재산 다 빼앗기고 움막에서 겨죽단지 끼고 앚앙 개나 쫓으멍 살암댄 헴수다."

"아이고, 우리 낭군님이 분명허구나. 애들아 거기가 어딘지 일러주민 떡 하나씩 더 주마."

아이들이 좋아서 앞다투어 길을 가르쳐주었다.

"요기 재 넘곡 저기 재 넘엉 가봅서. 나무 돌쩌귀에 거적문을 단 움막이 잇수다."

---

* **비조리 초막** 아주 작은 초가집
** **골아주민** 말해주면

여산부인은 아이들에게 떡을 하나씩 쥐어주고 이 재 넘고 재 넘어가다 보니 움막이 하나 눈에 띄었다. 가까이 간 부인이 움막 속을 들여다보며 말을 했다.

"지나가는 손이우다. 날이 저물엉 더 가기 힘드난 하루 저녁 재워줍서."

"아이고, 부인님아. 우리 집은 조막막하게 좁으난 손님 재울 수 엇수다. 그냥 갑서."

겨죽 단지를 끼고 앉아 대답하는 사람은 분명 남편인 남선비 었다. 그러나 남선비는 눈이 어두워져 부인을 알아보지 못했다.

"그게 무신 말이우꽈? 사람이 다니는데 집을 졍 댕깁니까? 정지˚이라도 좋으난 하룻밤만 빌려주십서."

겨우 허락을 얻어 부엌으로 들어가보니 솥이 하나 있는데 겨 죽이 바짝 눌어붙어 있었다. 기가 막혀 눈물이 나왔다.

우선 밥부터 해드려야겠다고 생각했다. 솥을 깨끗이 닦아놓 고 나주 영산 은옥미를 씻어놓아 밥을 지었다. 밥 한 그릇 고봉 으로 떠놓고 말끔히 상을 차려 들어가니 남선비는 첫 술을 뜨 고는 눈물을 흘렸다.

"무사 먹다 말고 눈물을 흘렴수과?"

여산부인이 묻자 남선비가 울면서 대답했다.

"설운 부인님아, 이게 어떤 일이우꽈? 나도 옛날에는 이런 밥을 먹어났수다. 나는 본래 남선 고을 남선비가 돼옵네다. 오동나라 오동 고을에 무곡 장사 오랏단 노일제데귀일의 똘한테 홀려서 배 한 척도 팔아먹고, 돈도 다 빼앗기고 죽도 살도 못허연 이 지경이 되엇수다.”

여산부인이 남편의 손을 부여잡고 말했다.

“설운 낭군님아, 나 몰르쿠과? 나 여산부인이우다.”

“뭐라고? 부인이라고? 아이고, 이거 무슨 일이라?”

남선비가 여산부인의 홀목**을 부여잡고 눈물을 흘리며 만단 정화를 나누었다.

그때 노일제데귀일의 딸이 어디 가서 남의 집에서 겨 한 되를 얻어다 치맛자락에 싸서 들어왔다. 노일제데귀일의 딸은 남선비가 웬 여인과 마주앉아 도란도란 얘기를 나누는 것을 보고 욕을 시작했다.

“죽일 놈의 영감탱이야, 나는 어디 가서 죽을 듯 살 듯 일을 허멍 겨 한 되라도 얻어당 죽을 쑤멍 배불리 먹이단 보난 지나가는 계집년을 불러들영 잘도 정분낫구나.”

● **정지** 부엌
●● **홀목** 손목

남선비가 손을 내저으며 말했다.

"설운 부인님아, 경 욕허지만 말앙 이리 들어와보라. 들어와 보민 저절로 알 수 잇을 거난."

"하이고, 어디 돈 하영 이신 여잘 꼬셔신게. 곤밥*을 차려논 거 보난."

"경허지 말라. 여산 고을 큰부인이 날 찾아온 거여."

그 말을 듣고 노일제데귀일의 딸이 낯빛을 바꾸며 훼훼 방으로 들어와 앉았다.

"아이고, 설운 성님아, 오뉴월 더위에 우릴 찾아오젠 허난 얼 매나 고생을 헙디가? 우리 시원허게 몸 목욕이나 허영 오랑 저 녁밥이나 지어먹게 마씸."

남선비도 어서 가서 목욕을 하고 오라고 했다.

"어서 걸랑 그리 허자."

둘은 주천강 연못에 몸목욕을 갔다. 노일제데귀일의 딸은 여 산부인에게 언강을 부리며 말을 했다.

"성님, 먼저 옷을 벗읍서. 등에 물이나 봐 드리쿠다."

여산부인은 적삼을 벗어 엎드려 굽혔다. 노일제데귀일의 딸

---

* **곤밥** 고운 밥, 즉 쌀밥

은 옆에 서서 물을 등에 끼얹고 때를 밀어주는 체하다가 물속으로 와락 밀어 넣어버렸다. 감태 같은 머리가 물속으로 흘러들어가 여산부인은 주천강 연못의 수중고혼이 되어버렸다.

노일제데귀일의 딸은 여산부인의 옷으로 갈아입고 나서 큰부인인 체하며 남선비한테 돌아갔다.

"설운 낭군님아, 노일제대귀일의 딸 행실이 괘씸하여 주천강 연못에 가서 물에 빠뜨려 죽여버리고 왔수다."

남선비가 무릎을 치며 좋아했다.

"아하, 그년 잘 죽엇저. 내 원수를 갚앗신게. 자, 이젠 고향으로 돌아가게. 우리 아덜들 보구정 허다."

남선비와 노일데대귀일의 딸은 배 한 척 마련하여 오동 고을을 떠나 남선 고을로 향하였다.

배가 물마루를 넘어서니 남선비 아들 일곱 형제가 부모님을 마중하여 선창가로 나왔다. 아들들은 부모를 맞는 정성으로 저만큼씩 다리를 놓아갔다. 큰아들은 망건을 벗어 다리를 놓고, 둘째는 두루마기를 벗어 다리를 놓고, 셋째는 적삼을 벗어 다리를 놓고, 넷째는 고의를 벗어 다리를 놓고, 다섯째는 행전을 벗어 다리를 놓고, 여섯째는 버선을 벗어 다리를 놓았다. 그런데 영리한 막내 녹디생이는 칼날을 위로 세워 다리를 놓는 것이 아닌가.

그걸 보고 형들이 의아해하며 막내에게 물었다.

"어떵허연 부모님 오시는디 칼날을 세웡 다리를 놓암시냐?"

"설운 형님아, 아버님은 우리 아버님은 틀림 엇수다마는 어머님은 우리 어머님 닮지 안허우다."

"어떵허연 그걸 알아지느냐?"

"어머님이 배에서 내령 집에 찾아가는 걸 보민 알 수 이실 거우다."

"느 말이 맞다. 한 번 보게. 어떵사* 행동허나."

형들은 동생의 말대로 시험해보기로 했다.

부모님이 선창가에 내리자 자식들은 부모께 달려들어 그간 얼마나 고생했느냐고 서로 달래준 후에 집으로 향하였다.

"아버님, 어머님아, 어서 집으로 가십시다."

부모를 앞세우고 일곱 형제는 뒤를 따랐다.

눈이 어두운 남선비는 사방 분간을 못하니 노일제대귀일의 딸이 앞장 서 집을 찾아갔다. 헌데 길을 모르니 이리 주왁, 저리 주왁 이 골목에도 들어서고 저 골목으로도 들어서며 헤매었다.

.

---

* **어떵사** 어떻게

"어머님은 어째서 벌써 길을 잊어수과?"

"아이고, 말도 말라. 너네 아방 찾아오젠허난 고생고생 하도 허연 정신이 다 나가불엇저."

일곱 형제가 서로 손을 부여잡았다.

'아이고, 우리 어머니가 아니로구나!'

겨우 집에 찾아 들어가 저녁을 하여 밥상을 차리는데 아버지께 놓던 상은 자식에게, 자식에게 놓던 상은 아버지께 가는 것이 뒤죽박죽이었다.

"어머님은 어떵허연 밥상 차리는 것도 벌써 잊어수과?"

"아이고, 말도 말라. 너희들 아방 찾젠허난 고생고생 말도 못허게 고생허연 정신이 다 나가부런 영 햄시네."

어머니가 아닌 것이 분명하였다. 밥상을 물린 형제들이 올레를 나와 삼도전거리에 쭈그리고 앉아 눈물을 흘렸다.

"우리 어머님은 어디서 뭘 허고 이신고?"

노일제대귀일의 딸은 아들들이 눈치 챈 것을 알아차렸다. 저 아들들이 왈칵 달려드는 날에는 목숨이 무사하지 못하리라 생각하고는 방책을 마련했다.

노일제대귀일의 딸은 갑자기 배가 아프다고 하면서 방 네 귀를 팽팽 돌기 시작했다.

"아야, 배여. 아야, 배여!"

남선비가 당황하여 부인을 부여잡았다.

"아야, 배여! 나 죽으키여!"

혹여나 부인이 죽을까 남선비가 부들부들 떨었다.

"아이고, 이 일을 어떵허믄 좋으코?"

"아이고, 낭군님아, 날 살리젠허믄 집을 나가 요기로 저기로 가다 보십서. 큰길가에 멱서리를 쓰고 앚아 점을 치는 점쟁이가 이실 거난 거기 가서 별 도리가 이신가 점이나 쳐봐줍서."

"어서 걸랑 그리 허자."

남선비가 안 보이는 깐에도 허위허위 큰길가로 점쟁이를 찾아 나섰다.

남선비가 바깥으로 나가니 노일제대귀일의 딸은 얼른 일어나 울타리를 뛰어넘어서 지름길로 달려갔다. 멱서리를 써 얼굴을 가리고는 점쟁이인 체하면서 앚아 있었다.

얼마 안 있어 남선비가 허위허위 달려들었다.

"문복이나 한 번 봐줍서."

"어떤 문복 말이우꽈?"

"우리 부인이 갑자기 병이 난 사경을 헤매고 이시난 어느 신령에 죄가 걸려신지 모르쿠다. 어떵 해야 부인을 살릴 수 이실 건지 짚어나 봐줍서."

노일제대귀일의 딸은 손가락을 오므렸다 폈다 하며 짚어보는 척하더니 넌지시 물었다.

　　"선비님아, 아들 일곱 형제 있으오리까?"

　　남선비가 대답했다.

　　"예. 아들 일곱 형제우다."

　　"그 일곱 형제 간을 내어 먹어사 병이 나을 것이우다."

　　남선비가 어처구니없어 두 말 않고 고개를 돌려 집으로 돌아왔다. 방에서는 서둘러 돌아온 노일제대귀일의 딸이 뒹굴며 비명을 지르고 있었다.

　　"아이고, 배야, 아이고 나 죽으키여."

　　남선비가 방에 들어가니 부인이 배를 움켜쥐고 물었다.

　　"문복을 허니 뭐랜 헙디가?"

　　"일곱 형제 간을 내어 먹어사 병이 나으캔 해라."

　　"아이고, 무슨 말도 안 되는 소리우꽈? 이번엔 저기로 가보십서. 대바구니 둘러 쓴 점쟁이가 문복을 보고 이실 거우다. 그 점쟁이한터 물어봅서. 다른 방도가 어신가?"

　　남선비가 고개를 끄덕이면서 문을 열고 나가니 노일제대귀일의 딸은 다시 지름길로 달려가 대바구니를 둘러쓰고 앉았다.

　　남선비가 달려가서 점을 쳐줄 것을 부탁했다.

　　"우리 부인이 갑자기 신병이 나서 죽을 지경이 나시난 어떵

해사 병신을 고칠 수 이실지 문복이나 봐줍서."

점쟁이는 손가락을 오므렸다 폈다 하다가 대답했다.

"일곱 아들 간을 내어 먹어사 신병에 좋으쿠다."

남선비는 더 이상 아무 말도 못하고 집으로 돌아왔다.

집으로 뛰어와 아픈 시늉을 하고 있던 노일제대귀일의 딸이
물었다.

"아이고, 배여! 아이고, 배여! 가 보난 뭐랜 헙디가?"

"일곱 형제 간을 내어 먹어사 병이 나으캔 해라."

"아이고, 할 수 엇구나. 설운 낭군님아, 경허믄 아들 일곱 형
제 간을 내줍서. 내 살아나서 몸을 추스령 다시 아들을 낳으쿠
다. 한꺼번에 세쌍둥이를 세 번만 낳으믄 형제가 더 불어낭 아
홉 형제가 될 거 아니우꽈? 남는 장사우다."

"그것도 맞는 말이여. 부인을 살리젠 허믄 어쩔 수 없주."

남선비가 은장도를 꺼내어 슬근슬근 갈기 시작했다. 그때 마
침 뒷집에 사는 청태산마구할망이 불씨를 얻으러 왔다가 이 광
경을 보았다.

"남선비야, 무슨 일로 경*칼을 갈암시냐?"

"우리 집사람이 신병이 나서 사경을 헤매는디, 한두 군데 점
을 보난 아들 일곱 형제 간을 내어 먹어사 낫겠다 해서 아들들
간을 내려고 칼을 갈암수다."

이 말을 들은 청태산마구할망이 놀라 혼비백산했다.

"아이고, 이 일을 어떵허코?"

청태산마구할망이 질겁을 하며 밖으로 내달았다. 큰길가로 나가보니 남선비 일곱 아들이 걸어오고 있었다.

"설운 아기들아, 이 일을 어떵허믄 좋으냐? 너의 아버지가 일곱 형제 간을 내어서 부인을 살린다고 칼을 갈암서라. 경허난 혼저** 도망가라."

그 말을 들은 일곱 형제가 자리에 주저앉아 대성통곡을 하였다. 한참을 울다 지쳤는데 막내인 녹디성인이 말을 했다.

"형님들, 울음 그치고 여기 이십서. 내가 가서 어떻게 해서든지 아버님한티서 칼을 뺏어 오쿠다."

"아이고, 네가 어떵 칼을 뺏어오젠 햄시냐?"

"나만 믿읍서."

형들을 기다리게 하고 막내 녹디성인이 집으로 갔다. 들은 대로 아버님이 칼을 슬근슬근 갈고 있었다.

"아버님아 아버님아, 무슨 일로 칼을 갈암수과?"

● **경** 그렇게

●● **혼저** 어서, 빨리

"다른 게 아니라 너희 어머니가 신병이 나서 사경을 헤맴신디 어디 가서 점을 쳐보난 너희들 일곱 형제 간을 먹어사 낫겠다 허길래 간을 내젠 칼을 갈암저."

"아버님아, 그건 좋은 일이우다. 경헌디 아버님아, 한번 생각해보십서. 아버님 손으로 우리 일곱 형제 간을 내젠허민 우리 일곱 형제 송장을 아버님 손으로 묻어살 거 아니우꽈? 경허지 말앙 그 칼 이리 주십서. 내가 형님들을 굴미굴산 깊은 곳에 데려강 간을 내 오커매, 그거 먹어봥 효과 이시믄 내 몸에 든 간일랑 아버님 손으로 직접 꺼내십서."

그 말을 들은 남선비가 반색하였다. 안 그래도 자식들이 울며불며 할 것인데 어떻게 간을 낼까 고민하고 있었던 것이다.

"그거 좋은 생각이여."

녹디성인이 칼을 받고서 부지런히 집을 나왔다. 녹디성인은 형님들을 데리고 깊은 산으로 들어갔다. 한참을 걷다 보니 몸도 지치고 배도 고파 길가에 주저앉았다. 그러고는 잠깐 잠이 들었는데, 저승으로 가던 어머님이 꿈에 나타났다.

"설운 아기들아, 어서 눈을 떠 보아라. 산속에서 노루 한 마리가 나올 거여. 그 노루를 잡아서 죽일 판으로 휘둘럼시민 알 도리가 이실 거여."

눈을 번쩍 떴는데 마침 산속에서 노루 한 마리가 내려오고 있었다. 형제들이 달려들어 노루를 잡고서는 죽일 것처럼 칼을 휘둘렀다. 그러자 노루가 애원하며 말했다.

"살려줍서. 날 살려주믄 좋은 일 이실 거우다."

"아니 되여. 우리는 너의 간을 내어야 살 수 잇어."

"설운 도련님들아, 나를 죽이지 말앙 이시믄 내 뒤로 산돼지 일곱 마리가 내려오고 이시난 그걸 잡으십서. 어미는 살려두고 새끼 여섯 마리를 잡아 간을 내어가믄 될 거 아니우꽈?"

"너 거짓말허는 거 아니냐? 혹시나 모르니 증표를 가져서 후제*라도 볼 것이다."

녹디성인이 노루 꼬리를 짤막하게 끊고 엉덩이에 백지 한 장을 붙여놓았다. 그때 낸 법으로 노루 몸뚱이가 아리롱다리롱하고 꼬리는 뭉툭하니 짧아지게 되었다.

노루를 놓아주고 잠시 있으니 과연 산돼지 일곱 마리가 저 산에서 내려오는 것이었다. 노루 말대로 어미는 살려두고 새끼 여섯 마리를 잡아 간을 내었다. 일곱 형제는 산돼지 간을 돌돌 싸가지고 마을로 돌아왔다.

***후제** 나중에

"형님들일랑 동서남북 중앙으로 벌여 서십서. 각자 기다리당 내가 소릴 지르면 왈칵 한꺼번에 달려듭서."

녹디성인이 형들에게 당부를 하고 집 주위를 둘러 세웠다. 그러고는 산돼지 간을 들고 방으로 들어갔다.

노일제대귀일의 딸은 배가 아프다고 뒹굴면서 소리를 지르고 있었다.

"어머님아, 이걸 잡수십서. 형님들 여섯 형제간을 내왔수다."

"아이고, 우리 막내가 효자로고. 중병 든 데 약 먹는 거 보는 게 아니여. 너는 저기 나가 잇이라."

녹디성인이 바깥으로 나오면서 집게손가락에 침을 발라 창구멍을 하나 뚫었다. 녹디성인은 몰래 창구멍으로 새어머니의 거동을 살폈다. 노일제대귀일의 딸은 간 여섯 개를 먹는 체하다가 자리 밑으로 소롱소롱 묻어놓고 피만 입술에 바르는 것이었다.

조금 있다가 녹디성인이 문을 열고 들어갔다.

"어머님아, 약 다 잡수어수과?"

"다 먹엇저."

"어머님아, 약 다 잡수난 어떵헙디가?"

"조금 나사뵌다마는 하나만 더 먹으민 아주 활짝 나을 듯허다."

"알앗수다. 어머님아, 경허믄 내 몸에 든 간도 드리쿠다. 그러니 이제 어머님 얼굴을 보멍 마지막으로 머리에 이나 잡아 드리쿠다."

노일제대귀일의 딸이 뒤로 주춤 물러앉으며 손을 내저었다.

"정성이 고맙다마는 중병 든 데 이 잡는 법 아니여."

"경허믄 방 안이나 치워 드리쿠다."

녹디성인이 방을 치우는 척하면서 이부자리를 들추려했다. 그러자 노일제대귀일의 딸이 질겁하면서 녹디성인을 밀쳐냈다.

"것도 되엇저. 중병 든데 방 치우는 거 아니여."

그 순간 녹디성인이 소리를 지르며 달려들어 노일제대귀일의 딸인 계모의 쉰댓 자 머리를 좌우로 핑핑 감아 한쪽으로 던져버렸다. 그러고는 자리 밑에 숨겨놓은 간 여섯 개를 한 손에

세 개씩 들고 지붕 용마루 높은 곳에 올라갔다.

"동네 어른들아, 들어봅서. 다슴어멍, 다슴아기˙이신 사람들은 이걸 보고 명심헙서."

소리를 들은 동네 사람들이 몰려나와 무슨 일이 일어났는지 알아본다고 웅성웅성하였다. 청태산마구할망이 나서서 일이 어떻게 된 것인지 자초지종 설명을 해주자 사람들은 혀를 차면서 노일제대귀일의 딸을 욕했다.

녹디성인이 올레 밖에 숨어 있는 형들을 불렀다.

"형님들, 이제 되엇수다. 흔저 달려들엉 원수를 갚게마씸."

소리 소리를 지르니 숨어 있던 형들이 와라차아 달려들었다. 일곱 아들이 소리를 지르며 달려드니 집 안이 왈칵 뒤집혔다.

"아이고, 이거 무슨 일이라."

님산비가 혼비백산 놀라 달아나는데 얼결에 내닫다가 올레에 걸려 있는 정낭에 목이 걸려 죽고 말았다. 남선비는 주목지신˙˙이 되어 좌정하였다.

노일제대귀일의 딸은 아들들이 달려드는 바람에 바깥으로 내달을 수도 없어 벽을 허위뜯어 구멍을 뚫고 변소로 도망쳤다. 거기에서 쉰댓 자 머리털로 목을 매어 죽었다. 그래서 노일제대귀일의 딸은 변소의 신, 측도부인이 되었다.

그러나 거기서 끝나지 않았다. 일곱 형제가 달려들어 노일제 대귀일의 딸에게 복수하려고 두 다리를 찢어 발겨 드딜팡*을 마련하고, 대가리는 끊어 돗도고리**를 마련하고, 머리털은 끊어 바다로 던져버리니 해초가 되었다. 입은 끊어 던지니 솔치가 되고, 손톱 발톱을 끊어 던지니 쇠굼벗, 돌굼벗*** 이 되고, 배꼽은 끊어 던지니 굼벵이가 되고, 항문은 끊어 던지니 대전복 소전복이 되고, 육신은 폭폭 빻아서 바람에 날리니 각다귀 모기가 되었다.

"이만하면 시원허다."

일곱 형제는 손을 탈탈 털었다.

일곱 형제는 서천꽃밭에 올라가서 뼈살이꽃, 살살이꽃, 도환생꽃을 얻어왔다. 그러고는 오동 나라 오동 고을 주천강 연못으로 달려갔다. 주천강 연못은 물이 가득차서 넘실대고 있었다.

---

* **다슴어멍, 다슴아기** 의붓 어머니, 의붓 자식
** **주목지신** 정랑을 궤에 걸치게 올레 양쪽에 세워놓는 기둥의 신
*** **드딜팡** 용변 볼 때 디디고 앉는 납작한 돌
** **돗도고리** 돼지 먹이 통
*** **쇠굼벗, 돌굼벗** 바닷가 바위에 붙어 있는 따개비

"명천 같은 하늘님아. 주천강 연못을 모조리 마르게 허여줍서. 우리 어머니 시신이나 거두오리다."

일곱 형제가 축원을 올렸더니 삽시에 연못물이 잦아들었다. 그러고는 바닥에 어머님의 뼈를 드러내었다.

"아이고, 어머님아. 우리가 오랏수다."

이 뼈 저 뼈 모아놓고 도환생꽃, 뼈살이꽃, 살살이꽃을 뿌려 주었다.

"아이고, 봄잠이라 잘 잤저."

어머님이 머리를 긁으며 일어났다.

일곱 형제는 어머님 뼈가 놓였던 자리의 흙을 주섬주섬 모아 놓고 시루를 만들었다. 여섯 형제가 돌아가며 한 번씩 주먹으로 찍으니 여섯 구멍이 터지고, 녹디성인은 화를 발칵 내며 발뒤꿈 치로 콱 찍으니 큰 구멍이 가운데 터졌다. 그때에 낸 법으로 시루구멍이 일곱 개 뚫리게 되었다.

어머님을 살려 내어 일곱 형제는 집으로 돌아왔다.

"어머님아, 춘하추동 사시절을 물속에서만 살아시난 몸인들 아니 시릴 리가 이시쿠과? 어머님일랑 하루 세 번 더운 불을 비 추멍 조왕할망으로 앉아 얻어먹기 마련헙서."

녹디성인은 어머니가 부엌을 지키는 신인 조왕할망이 되어

들어서게 해드렸다.

일곱 형제도 각기 자기의 직분을 차지하여 신이 되었다. 큰형은 동방청대장군, 둘째 형은 서방백대장군, 셋째 형은 남방적대장군, 넷째 형은 북방흑대장군, 다섯째 형은 중앙황대장군, 여섯째 형은 뒷문전으로 들어섰다. 마지막으로 영리한 녹디성인은 일문전*이 되어 들어섰다.

그때 낸 법으로 오늘날도 명절이나 제사 때는 문전제(門前祭)를 지내고, 제상의 제물을 조금씩 떠서 조왕에 올리는 것이다.

그리고 변소의 신인 축도부인은 조왕할망과 처첩관계였기 때문에 부엌과 변소는 마주 서면 좋지 않는 법이다. 부엌과 변소는 멀리 떨어져야 하고, 변소의 것은 돌 하나 나무 막대기 하나라도 부엌으로 가져오면 좋지 못하다고 하는 것이 이 때문이다.

---

* **일문전** 앞쪽 문

신화, 펼치기

가정생활과 관련 있는 신들의 이야기

1만 8천 신들의 고향 제주에는 마을마다 그 마을을 지키는
신들이 있고, 집과 연결된 올레로 들어서면 집 안팎을 지키는
신들이 있다. 그러니 가정생활을 하면서 이 집 안팎을 지키는
신들을 잘 모셔야 집안이 평안하고 하는 일이 잘 풀리지 않겠
는가? 문전본풀이는 집을 지키는 신들의 유래를 설명하는 신화
이다. 이 본풀이는 큰굿을 할 때 '각도비념' 제차에서 심방에 의
해 읊어진다. 심방이 장구를 치면서 문전본풀이를 풀어내고 나
서 문신·조왕신 등 집 안의 신들에게 축원하는 것이 '각도비념'

이다.

'각도'는 '각각의 신(神)'이란 말이다. 제주에서는 '신(神)'을 나타내는 말로 '도' 또는 '또'를 쓴다. 주로 신들의 이름 뒤에 붙는 말이다. '산신도, 백주또, 하로산또, 요왕도, 개로육서또, 궤내깃도' 등이 그것이다. '비념'은 '기원', 즉 '비는 것, 소원하는 것'을 이른다. 이른바 '각도비념'은 신들에게 축원을 올리는 제차를 말하는 것이다.

'각도비념'은 큰굿이 거의 끝나갈 무렵에 시행된다고 한다. 집 안의 신들은 다른 신들에 비해 위계상 하위신에 해당하기 때문에 다른 신들의 제차를 먼저 하고 나서 굿이 끝날 무렵에 각도비념을 시행하는 것이다.

집 안을 지키는 신인 문전신, 조왕신, 통시할망, 정살지신 등은 제주의 주택 구조와 관련이 있다. 그래서 집 안을 지키는 신들의 유래를 설명하기 전에 먼저 전통적인 제주 가옥의 구조에 대하여 알아보기로 하자.

제주의 주거문화

보통 제주도에는 '대문과 도둑과 거지'가 없다고 해서 '삼무

(三無)'의 고장이라고 한다. 제주의 전통가옥에는 대문이 따로 없다는 말이다. 현용준은 『제주신화의 수수께끼』에서 제주도 주택구조에 대문이 없는 이유를 신앙과 관련하여 설명하고 있다. 제주 사람들은 '대문이 있어 출입구를 잠그면 제물이 막혀 들어오지 않는다는 믿음'을 가지고 있는데, 이 때문에 대문을 만들지 않는다고 얘기한다.

대문이 없는 대신 집에 출입하는 골목길을 만드는데, 이를 '올레'라고 한다. 올레는 집 마당에서 큰길로 이어진 골목길이라 할 수 있다. 올레는 보통 구부러진 형태를 하고 있어 대문이 없이 트여 있지만, 큰길에서는 집 안이 잘 보이지 않도록 되어 있는 것도 특징이다.

올레 입구 양쪽에 굵고 조금 넓은 나무기둥을 세우는데, 이를 '정주목'이라고 한다. 이 정주목에는 구멍이 세 개 정도 뚫려 있다. 사람이 집을 나갈 때는 이 구멍에 굵은 막대기를 걸쳐 놓는데 이 막대기를 '정낭' 또는 '정살'이라고 한다.

예전에는 정주목에 걸린 정낭의 개수를 보고 주인의 출타 여부를 판단할 수 있었다. 정낭이 세 개 정주목에 걸려 있으면 주인이 멀리 가서 저녁이 되어서야 돌아온다는 의미이고, 두 개 걸려 있으면 한참 있다가 돌아온다는 의미이며, 하나 걸려 있으

큰길에서 마당으로 연결되는 올레

돌로 된 정주목과 구멍에 끼워넣는 정낭

면 주인이 가까운 곳에 있다는 의미이다. 그리고 하나도 걸려 있지 않으면 주인이 집에 있다는 걸 알려주는 신호이다.

나무기둥인 '정주목'은 오래가지 않으므로 나중에는 돌로 바꾸어놓는 경우가 많아졌다. 돌로 만든 기둥도 그냥 정주목이라고 많이 얘기한다. 요즘은 정주목과 정낭을 조경용으로 조성하는 경우가 있지만 보통 주택에서는 잘 볼 수 없다. 그래서 돌문화공원이나 민속박물관에 가야 그 유물을 확인할 수 있다.

마당으로 들어서면 마당 한 귀퉁이에 화장실이 있는데 제주

돗통시. 왼쪽은 변소와 이어져 배설물을 받아먹을 수 있게 한다

어로는 '통시'라고 한다. 통시는 보통 돼지우리와 겸하는데, 사람의 배설물을 돼지들이 바로 받아먹을 수 있도록 한 구조이다. 안방보다 넓은 크기의 돼지우리 겸 통시 한쪽에는 초가로 아담하게 지붕을 올려 돼지들이 지낼 수 있도록 하였다. 돼지들은 돼지우리에 있다가 사람들의 발소리가 나면 쏜살같이 달려와 배설물이 떨어지기를 기다린다. '제주 똥돼지'라는 말이 이렇게 해서 나왔다.

제주의 전통가옥은 집의 중간에 마루를 배치하는데 이를 '상방'이라고 한다. 이 상방(마루방) 양쪽에 방과 부엌, 그리고 곡식 창고인 고팡을 배치한다. 그래서 집 안에 출입하려면 먼저 이 상방 앞쪽 문으로 들어서야 한다. 앞쪽 문(문전)으로 해서 마루에 들어서고 방이나 고팡, 부엌 등으로 드나든다.

제주 사람들은 이 앞쪽 문을 중시하여 모든 제사 명절에는 먼저 이 앞쪽 문에 제상을 차려 제사를 지낸다. 문전신이 지키고 있어 액을 막아주고 재물이 들어올 수 있게 하기 때문이다. 유교 풍습인 제사에서 무속신인 문전신에게 제사를 올리는 것인데, 이 제의를 '문전제(門前祭)'라고 한다.

집 안을 지키는 신들의 유래

문전본풀이는 집을 지키는 신들의 유래를 설명하는 신화이다. 신화에 등장하는 인물들이 어떻게 해서 신으로 좌정하게 되었는지 재미있는 이야기로 풀어내는 것이다.

남선비는 가장이면서도 가장의 역할을 못하는 우둔하고 어리석은 인물이다. 자식이 일곱이나 되어 먹고 살기가 힘드니 장사를 해보라고 부인이 돈을 마련해주자 배를 한 척 마련하여 장삿길에 나선다. 그러나 노일제대귀일의 딸이라는 여자의 애

교에 빠져 모든 돈을 빼앗기고 만다. 남선비는 노일제대귀일의 딸을 후처로 삼아 살지만 모진 학대를 받아 눈까지 멀게 되는 우둔한 인물이다.

그런데 아무리 눈이 멀었기로서니 부인과 첩을 구분 못하고 후처가 점쟁이로 가장한 것도 몰라보며, 아내를 살리려고 아들 일곱 형제를 죽여 간을 내려고까지 한다. 나중에 아들들이 큰 소리로 외치면서 노일제대귀일의 딸을 잡으려 하자 면목이 없어 올레로 도망치다가 '정주목'에 부딪혀 죽게 되고, 정주목신으로 좌정한다.

'노일제대귀일의 딸'은 악독한 인물이다. 어찌나 악독한지 차사본풀이의 '과양생이'와 쌍벽을 이룰 듯하다.

노일제대귀일의 딸은 남선비의 돈을 빼앗은 후 그의 첩이 되지만, 남선비를 움막에 거처하게 하면서 겨죽을 주는 둥 마는 둥 하여 눈까지 멀게 만든다. 뿐만 아니라 여산부인이 남편을 찾아오자 그녀를 주천강 연못으로 목욕하러 가자고 해서는 물속으로 밀어 넣어버린다. 그러고는 여산부인 행세를 하면서 일곱 아들까지 죽이려고 하는 것이다.

나중에 남선비의 아들들이 잡으려고 달려들자 벽을 뜯어 구멍을 내고 변소로 도망쳐 디딜팡에 쉰댓 자 머리털로 목을 매어 죽게 된다. 그리하여 노일제대귀일의 딸은 변소의 신 '통시할망'으로 좌정한다. 여기에 그치지 않고 일곱 형제가 달려들어 몸을 갈가리 뜯어 던지니 머리털은 바다의 해조류가 되고, 입은 바다의 솔치가 되고, 손톱과 발톱은 굼벗이 되고, 배꼽은 굼벵이가 되고, 항문은 전복이 되고, 나머지 육신은 각다귀, 모기가 되어 날아갔다 한다.

여산부인은 후덕한 성품으로 자식이 많아 먹고 살기 어려워지자 남편에게 장사를 하도록 한다. 혼자 아들 일곱을 키우다가 장사 나간 남편이 돌아오지 않자 찾아 나선다. 갖은 고생 끝에 남편을 찾게 되지만 노일제대귀일 딸의 속임수에 넘어가 연못의 물속에 수장되고 말았다.

아들 일곱 형제는 서천꽃밭에 가서 뼈살이꽃, 살살이꽃, 도환생꽃을 따다가 어머니를 살려내고 부엌의 신으로 좌정하게 한다. 차가운 물속에서 시신으로 수장되어 있었으니 삼시 세끼 밥할 때마다 따뜻한 온기가 있는 부엌에서 지내시라고 부엌의 신으로 좌정하게 한 것이다. 제주에서는 부엌을 '정지'라고 하는데, 이 정지를 지키는 신을 '조왕할망'이라고 한다.

일곱 아들 중 막내인 녹디성인은 형제들 중 가장 똑똑하고 지혜로운 인물이다. 노일제대귀일의 딸이 여산부인의 행색을 하고 남선비와 함께 배에서 내릴 때 제일 먼저 어머니가 아니라는 걸 알아보는 것도 일곱째 아들인 녹디성인이다.

　그리고 노일제대귀일의 딸이 계략을 꾸며 자식들을 죽이려고 할 때도 주도적으로 나서서 꾀를 내고 위기를 모면한다. 다른 형제들은 아버지가 자신들을 죽이려 한다고 대성통곡을 할 때 계책을 세워 아버지에게 가서 자신이 형제들의 간을 내겠다고 칼을 받아온다. 그래서 산돼지의 간을 내어 형제들의 간이라고 속이면서 위기를 벗어나는 것이다.

　녹디성인은 계모의 방으로 달려들어 계모의 쉰댓 자 머리를 감아쥐고 흔들며 동네 사람들에게 "다슴어멍, 다슴아기 이신 사람들은 이걸 보고 명심헙서"라고 소리친다. '다슴어멍, 다슴아기'는 '의붓어머니, 의붓자식'을 나타내는 제주어이다. 이렇게 영리한 녹디성인은 문전신이 되어 좌정하게 된다.

문전본풀이와 관련한 속담

　제주에서는 집을 지키는 여러 신들 중에서 '문전신'을 가장 중요하게 생각했다. '일문전(一 門前)'은 집 안에서 가장 상위의 신이란 의미이며, 문전신을 가장 중요하게 생각하기 때문에 가정신들의 이야기를 '문전본풀이'라고 하는 것이다. 그래서 "문전 모른 공사(公私) 없다"는 속담이 전해질 정도이다.

제사상을 마련할 때, 제상 옆에 작은 상을 따로 차려놓았다가 자시(子時)가 되면 상을 마루방의 바깥문 쪽에 내어놓고 문전신께 먼저 제를 지낸다. 그러고 나서 제물을 조금씩 뜯어놓은 술잔을 지붕 위에 올리고 문전상을 부엌으로 옮겨 부엌을 지키는 신인 조왕할망께 조왕고사를 올린다고 한다. 주부는 조왕할망 몫으로 제상의 제물을 일일이 뜯어낸 뒤 밥사발 뚜껑에 담아 부뚜막에 올려놓는다.

문전본풀이는 무속의 굿에서 읊어지는 신화이다. 그래서 문전신은 무속의 신인 셈이다. 그런데 유교와 관련 있는 제사에서 무속신에게 같이 제사를 올리고 있으니 이는 제주의 독특한 풍습을 보여주는 것이다.

"부엌과 변소는 멀수록 좋다"는 속담이 있다. 제주의 전통가옥에서는 집의 마루를 중심으로 볼 때 변소와 부엌을 반대 방향에 위치시키고 있다. 위생 문제로 봤을 때도 변소와 부엌을 멀리 떨어뜨리고 있는 것은 당연한 배치라고 할 수 있다.

부엌과 변소는 멀수록 좋은 이유에 대하여 신화에서는 부엌

신인 조왕할망과 변소신인 통시할망이 처첩관계이자 원수지간이기 때문이라고 설명하고 있다. 원래 본처와 후처는 사이좋게 지내기 쉽지 않은 관계이다. 거기에다가 문전본풀이에 나오는 것처럼 노일제대귀일의 딸이 본부인인 여산부인을 연못으로 밀어넣어 죽이기까지 했다. 이러한 천하의 악녀를 집 울타리 안에 좌정시켜 신으로 섬기는 것 또한 제주의 독특한 풍습이라 할 수 있다.

문전본풀이 속에 드러난 가정생활과 교훈

문전본풀이는 가정 구성원에 대한 신화이다. 그래서 굿을 할 때마다 심방이 문전본풀이를 노래하면 굿청에 있는 사람들은 신화를 들으며 자신의 가정생활에 대하여 자연스럽게 생각하게 되었을 것이다. 이에 대하여 현용준은 『제주신화의 수수께끼』에서 사람들이 문전본풀이를 들으며 "바람직한 가정생활을 운영하기 위한 교훈을 얻을 수 있었다"고 얘기하고 있다.

아버지는 남선비처럼 우둔하고 어리석음에서 벗어나 가사를 책임지는 가장이 되어야 하겠다는 것을 실감하게 되었을 것이고, 어머니는 현모양처의 길을 걸어야 할 것을 깨달을 것이고, 의붓자식이 있는 계모는 의붓자식을 제 자식처럼 사랑하여 가정운영에 일조를 해야 하겠다는 교훈을 절실히 감지했을 것이다.

모범답안 같은 말이지만 제주의 현실 상황에서 중요하게 대두되었던 문제를 반영하는 이야기이기도 하다. 신화는 풍속과 문화를 반영한다. 문전본풀이는 본부인과 계모, 의붓자식이 주요 구성원으로 등장하는 만큼 그러한 가족 구성원들의 문제가 제주의 전통적인 가정생활에서 중요하게 부각되었던 현실이었음을 알 수 있다.

제주도를 '삼다도(三多島)'라고 한다. 여자 많고, 바람 많고, 돌이 많은 섬이라는 뜻이다. 바다에 고기 잡으러 나가거나 부역에 동원되거나 하면서 남자들이 많이 죽었고 이에 따라 실제로 제주는 여자들의 숫자가 더 많았다. 고광민의 『제주 생활사』에 따르면 여자들이 남자들에 비해 두 배에 이른 마을도 있었다.

이러한 상황에서 남편 없이 여자 혼자 살아간다는 것이 여간 힘든 일이 아니었기 때문에 배우자가 있는 남자에게 시집을 갔던 여자들이 많이 존재했던 것이다. 조선 후기에 제주 목사로 지내면서 제주의 자연과 풍속에 대하여 기록했던 이형상의 『남환박물』에는 "아주 잔약한 사람도 또한 두셋의 아내를 거느리게 되고, 혹은 십여 명의 아내를 둔 사람도 있다"는 기록이 보인다.

이러한 상황 속에서 처첩 갈등이 비일비재하게 일어날 수밖에 없는 것이고, 그러한 갈등이 신화 속에 반영되고 있다고 할 수 있다. 이러한 처첩갈등은 당신화인 서귀당본풀이에서도 잘 드러나고 있다.

제주 땅에서 솟아난 바람운님이 배필을 찾기 위해 점을 쳐 보았다. 그러자 바다 건너 만 리 밖, 비오나라 비오천리에 아름다운 처녀 '고산국'이 있음을 알고 가서 부부로 인연을 맺는다. 그런데 부인의 동생이 더 예쁘다는 것을 안 바람운은 처제를 꾀어내어 한라산으로 도망치고 만다.

남편이 동생과 같이 달아나버린 것을 안 고산국은 그들을 쫓아 한라산으로 갔다. 고산국이 겨우 둘을 찾아내었으나 남편과 동생이 서로 사랑에 빠져 부부가 되었다는 것을 알게 된다. 고산국은 도술을 부려 그들을 죽이려 하나 오히려 동생 지산국의 도술로 위기에 빠지고 만다. 동생에게 사정하여 겨우 위기를 모면한 고산국은 너무나 억울하여 더 이상 얼굴을 마주하는 일이 없도록 하자며 이별을 고한다.

고산국은 남쪽으로 내려와 서홍리라는 마을에 좌정한다. 좌정할 곳을 찾던 바람운과 지산국이 고산국에게 원만하게 땅을 가르자고 하지만 고산국은 노여움을 풀지 않는다. 그래서 바람운과 지산국은 문섬 북쪽 서귀리와 동홍리를 차지하게 된다. 이때부터 서홍리와 동홍리는 서로 혼인을 못하고, 당을 맨 심방도 서로 왕래할 수 없게 되었다 한다.

문전본풀이 속에는 처첩 갈등과 함께 계모와 의붓자식들의 문제까지 담고 있다. 특히 계모인 노일제대귀일 딸의 악행을 강하게 드러내고 있는 것이다. 그래서 굿청에 있는 청중 가운데 의붓자식을 키우고 있는 여자들은 문전본풀이를 들으며 자신의 상황을 돌아볼 수밖에 없으리라고 짐작할 수 있다. 이렇게 문전본풀이는 계모의 윤리적 행위를 강조함으로써 가정의 평화를 유지하고자 하는 의도가 담겨 있는 신화인 것이다.

정지 : 부엌

예시　정지 조곳디 이신 구들이 막 뜨신다.

→ 부엌 곁에 있는 방이 아주 따뜻하다.

정쳇문, 정짓문 : 부엌문

예시　정지에 내가 가득허다. 정짓문 열어불라.

→ 연기가 가득하네. 부엌문 열어라.

고팡 : 곡식창고

예시　고팡에 도둑 들언 다 들러가부럿댄 허여라.

→ 곡식창고에 도둑이 들어서 모두 가져가버렸다고 해라.

우영팟 : 텃밭

예시　우영팟에 고치도 심고 부루도 심어사 헌다.

→ 텃밭에 고추도 심고 상추도 심어야 한다.

통시 : 돼지우리

예시　통시에 도새기 세 마리 싯저. → 돼지 우리에 돼지가 세 마리 있어.

지들커 : 불을 땔 풀이나 나무. 땔감

예시　저기 강 지들커나 하영 행 오라. → 저기 가서 땔감이나 많이 해서 와라.

구들 : 방

예시　큰 구들 족은 구들에 사람덜이 그득 허엿저. → 큰 방 안방에 사람들이 가득했네.

쉐막 : 외양간

예시　그 집 쉐막에 가 보난 부렝이 이십디다. → 그 집 외양간에 가 보니 수소 있습디다.

이문간 : 안마당으로 드나드는 대문이 달려있는 집채

예시　이문간을 넘어사 마당으로 들어갈 거주.

→ 대문 달린 집을 넘어가야 마당으로 들어갈 수 있지.

솥 강알 : 아궁이

예시　솥 강알 파보라. 감저 익어실거여. → 아궁이 파 보아라. 고구마 익었을 거야.

5장

잘 먹으면
잘 먹은 값 하는
도깨비

도깨비는 탐라인의 삶 속에 끼어든 외래신으로, 도깨비를 잘 모시는 인간에게 부귀영화를 안겨주는 반면, 소홀하면 재앙과 질병을 불러일으킨다. 제주도의 도깨비신은 신의 내력담인 본풀이, 즉 신화로써 조상신, 본향당신, 해신당신, 일반신의 신격으로 존재한다.

영감본풀이 1

서울 사는 진씨 아들 삼형제가 어찌나 행실이 불량한지 동네 처녀들을 희롱하고 몸을 더럽히며 다니느라 사람들의 원성을 샀다. 이들의 못된 행실을 혼내주려 하면 신출귀몰하는 삼형제에게 오히려 호되게 당하곤 해서 손을 함부로 댈 수도 없었다. 사정이 이러하니 삼형제를 벌해달라는 상소가 곳곳에서 임금님께 올라갔고, 마침내 삼형제는 만주 드른돌거리로 귀양을 가게 되었다. 만주로 쫓겨난 삼형제는 도깨비가 되어 밤마다 저잣거리를 휘젓고 다니면서 사람들을 놀라게 했다.

만주 드른돌거리에는 재산이라고는 기르고 있는 돼지 한 마리와 집 한 채가 전부인 가난한 송영감이 살고 있었다. 송영감이 하루는 산에 가서 약초를 캐다 장에 가서 팔고 돌아오다가 동네 어귀에서 배고파 축 늘어져 있는 진씨 아들 삼형제를 만나게 되었다.

삼형제는 송영감을 보자 반가워하며 앞을 가로막았다. 영감은 웬 도깨비가 앞을 가로 막으니 놀라 뒷걸음질쳤다. 삼형제는 최대한 나긋나긋한 목소리로 영감에게 말했다.

"영감이 만약 우리를 위해서 돼지를 잡아 제사를 지내주면 고생 안 하고 살게 해주지. 근데 만약 모른 체하면 무슨 일이 벌어질지 장담할 수 없어. 어떻게 할래?"

영감은 무서워 벌벌 떨면서 무조건 그러겠다고 약속을 하고 집으로 도망쳐 들어왔다. 도깨비들도 영감 뒤에 바짝 붙어서 따라 집으로 들어갔다. 영감은 약속을 지키지 않았다가는 무슨 일을 당할지 모른다고 생각했다. 그래서 부인이 말리는 데도 하나뿐인 돼지를 잡고 수수떡 수수밥을 지어서 제사를 올려주었다.

그러자 도깨비들이 약속한 대로 그때부터 하는 일마다 술술 잘 풀리더니, 영감은 삽시간에 천하거부가 되었다. 마을에는 영감이 도깨비를 모시면서 부자가 되었다는 소문이 쫙 퍼졌다.

하지만 부자가 된 영감은 이제 도깨비랑 같이 사는 것이 영 마음에 들지 않았다. 만나는 사람마다 도깨비랑 사는 것이 어떠냐고 귀찮게 물어봤기 때문이다. 게다가 고생을 안 하면 몸이 더 좋아야 할 텐데 자꾸 시름시름 기운이 없이 여위어가는 것도 왠지 도깨비 탓인 것 같았다.

어떻게든 도깨비를 떼어내고 싶었다. 어떻게 할까 궁리를 하던 영감이 좋은 꾀를 하나 생각해내었다. 영감은 도깨비들에게 대접을 푸짐하게 잘 해놓고는 은근히 다짐하듯 운을 떼었다.

"저 멀리 세경 넓은 밭을 문밖에 떼어다 놓아주시오. 그러면 평생 모시고 살겠소. 허나 그러지 못하면 더 이상 모시지 않을 것이니 이 집에서 나가야 될 것입니다."

"뭐, 그쯤이야 식은 죽 먹기지. 그럼 그렇게 해놓을 테니 기다리기나 하시오."

자신만만한 도깨비들은 바로 약속을 하고는 뛰어나갔다. 도깨비들은 열심히 밭을 떼어다 문밖에 갖다놓으려 했다. 그런데 아무리 용을 써도 밭을 옮겨올 수 없었다. 헥헥거리며 나가떨어진 도깨비들을 보고 송영감은 옳다구나 무릎을 쳤다. 영감은 축 늘어진 도깨비들을 나무에 묶고는 네 토막으로 쳐 죽여서 쫓아버렸다.

도깨비를 쫓아낸 송영감은 서둘러 백마를 잡아 문밖에 말가죽을 잘라 붙이고 집 좌우로 돌아가면서 말의 피를 뿌렸다. 그러고 나서 백마의 고기를 걸어 도깨비가 더 이상 들어오지 못하게 해버렸다.

　네 토막으로 잘려 쫓겨난 도깨비는 열두 도깨비로 불어났다. 살 곳을 잃은 도깨비들은 천기 별자리를 짚어 점을 치고 각기 사방으로 흩어졌다. 위로 삼형제는 서양 각 나라 기계풀무 야장신(冶匠神)이 되고, 그 아래 삼형제는 일본 가미산 맛주리 대머리 공원 철도 철도목 철공소, 방직회사에서 초하루와 보름에 제의를 받는 신이 되고, 그 아래 삼형제는 서울 호적계로 좌정하였다.

　막내 삼형제는 갈 길을 몰라 방황하다가 흉년이 들어 장사하러 온 제주 선주의 두 아들을 만났다. 도깨비들은 선주의 아들들에게 말했다.

　"우리와 잘 사귀면 부귀영화를 누리게 될 것이다. 그러니 우리를 데리고 제주로 들어가는 게 어떤가?"

　선주의 아들들은 그렇게 하겠다고 약속하고 도깨비들을 데리고 제주로 들어왔다. 도깨비 삼형제는 모두 제주 사람들이 모시는 일월조상이 되었는데, 한 가지는 갈라다 뱃선왕(船王神)으로 모시고, 한 가지는 갈라다 산신일월또(狩獵神)로 모시고, 한 가지는 갈라다 솥불미(冶匠神)으로 모시게 되었다. (문무병, 『제주도본향당 신앙과 본풀이』, 민속원)

영감본풀이 2

옛날 옛적 서울 먹자골목에 허정승이 살았다. 허정승 집은 별진밭 달진밭 너른 밭에 가을이면 곡식이 넘쳐나고 재물도 넉넉하였다. 으리으리한 기와집 네 귀에 풍경을 매달아놓으니 동남풍이 불면 서남풍 문이 와랑지랑, 서남풍 불면 동남풍 문이 왕강싱강 소리를 내니 흐르는 세월에 절로 노래가 흘러나오게 여유 있고 한가로웠다.

아들자식 일곱이 태어나 장성하였는데 어찌나 놀기를 좋아하는지 세월을 벗 삼아 매일 뻑적지근하게 판을 벌이더니 전국으로 흩어져 한 자리씩 차지하였다. 큰아들은 서울 삼각산을 차지하고, 둘째 아들은 함경도 백두산을 차지하고, 셋째 아들은 강원도 금강산을 차지하고, 넷째 아들은 전라도 지리산을 차지하고, 다섯째 아들은 충청도 계룡산을 차지하고, 여섯째 아들은 경상도 태백산을 차지하였다.

그중에 일곱째 아들은 얼굴도 잘 생기고 흰칠하니 키도 큰 것이 신수가 훤하였다. 그런데 하는 짓마다 어찌나 난잡한지 모두들 오소리잡놈이라 불렀다. 행색을 보아하니 망만 붙은 갓을 쓰고, 깃만 붙은 도포를 입고 곰방대에 담배를 퍼삭퍼삭 피워 물고 이리 걸쭉 저리 걸쭉 껄떡대는 게 난봉꾼이 따로 없었다. 방방곡곡 구경하고 다니던 일곱 째 오소리잡놈이 더 이상 갈 곳이 없어지자 제주 한라 영산이나 구경 가자고 하면서 바다 건너 제주도로 향하였다.

일곱째 오소리잡놈은 한 손엔 연불 들고, 또 한 손엔 산불 들고 진도로 추자도로 소곡소곡 지나서 홍당망당 제주 바다에 들어섰다. 한라산에 올라 영실 오백장군을 돌아보고 정의로 대정으로 위미 뛰미곳으로 선흘 동백숲 제주섬을 두루 훑어가며 구경하느라 시간 가는 줄 몰랐다. 썰물에는 강변에 놀고, 밀물에는 수중에 놀면서, 물장오리, 태역장오리로 오름을 오르내리다가 바닷가로 들어섰는데, 마침 비창을 들고 전복을 따던 젊은 잠녀가 눈에 띄었다. 잠녀는 일찍이 남편을 잃은 과부였다.

물을 뚝뚝 흘리며 물 밖으로 나온 젊은 여인에게 한눈에 반한 일곱째는 뒤를 졸졸 좇아갔다. 그날로 일곱째 오소리잡놈은 아예 여인의 집에 눌러 살기로 작정하였다. 그리하여 일곱째 오소리잡놈은 밤만 되면 과부가 자는 방으로 스르르 들어갔다.

젊은 과부는 그날부터 시름시름 아프면서 바짝바짝 말라가기 시작했다. 온몸이 축 늘어지는 것이 기운이 하나도 없어 앉아 있기도 힘들었다. 그러니 바다에 물질도 나가지 못하고 하루 종일 드러누워 지내기 일쑤였다.

이웃에 사는 할머니가 며칠째 과부 얼굴이 보이지 않자 이상하게 생각하여 문을 두드렸다. 방으로 들어온 할머니는 시름시름 앓고 있는 과부를 보고 놀라서 무슨 일이 있느냐고 물어보았다. 그러자 과부가 겨우 일어나 앉으며 할머니에게 자초지종을 설명하였다.

"어찌된 노릇인지 밤만 되믄 털벙거지 쓴 사름이 방으로 들어옵네다. 아멩* 문을 잠가도 소용이 엇수다. 그냥 들어왕 자고 가는디 나는 기운이 엇엉** 꼼짝을 헐 수가 엇수다."

---

* **아멩** 아무리
** **엇엉** 없어서

할머니가 놀라 소리쳤다.

"아이고, 이일을 어떵헐 거라? 들어보난 도채비가 붙어신게. 빨리 심방을 청해당 굿을 해서 도채비를 쫓아내사키어. 경 안 허민 이대로 말랑 죽을 거여."

놀란 과부는 할머니에게 부탁하여 그날로 심방을 청해다 굿을 시작하였다. 소문을 들은 동네사람들도 과부네 집 마당으로 몰려들었다. 심방은 도깨비가 좋아하는 수수밥이며 수수떡이며 돼지고기, 소주를 올려 상을 차리고 굿을 하면서 도깨비 형제들을 불러들였다.

한편 허정승 아들들은 막내가 제주섬으로 들어갔다는 소식을 듣고 동생을 찾아가기로 했다. 영암 덕진다리로 배를 놓아 깊은 바다를 지나 진도 벽파장 울돌목을 거쳐 추자도 안섬 바깥섬을 지나 관탈섬을 거쳐 제주 바다로 들어섰다.

도깨비들은 동생을 찾아 바닷가를 샅샅이 뒤졌으나 행방이 묘연했다. 그래서 한라산 백록담에 올라가서 둘러보고 아래로 내려오면서 큰장오리 작은장오리 태역장오리 여러 오름을 지나 곶자왈* 빌레왓** 한머들**까지 훑으면서 사방을 둘러보는데 어디로 숨어들었는지 도통 보이지 않았다.

하는 수 없이 온 마을 동네 집들을 둘러보리라 하고 아래로 내려오는데 어디서 굿하는 소리가 들렸다. 굿 하는 걸 좋아하는 도깨비들은 어디서 굿을 하는지 알아보려고 귀를 기울였다. 그러자 이번에는 "영감! 영감! 이리 오시오"하면서 자신들을 부르고 있는 게 아닌가!

도깨비 형제들은 누가 자기들을 부르고 있는지 궁금해서 굿이 열리는 집으로 찾아 들어서며 물었다.

"누가 우리를 청하였소?"

심방이 반가이 도깨비들을 맞아들였다.

"잘 찾아 왔인게마심. 오늘 영감님들을 대접하려고 이차락 판을 벌렷수다. 소원하는 대로 잘 대접하려 하니 실컷 놀아봅서. 겐디, 영감님들은 어떤 곳을 좋아허십네까?"

도깨비들은 좋아서 입이 벌어졌다.

"허, 그야 우린 산중으로 올라서면 작은 소낭밭, 훌근 소낭밭 어둑어둑한 궤, 썩은 나무토막 이신 디 좋아허지. 썰물에는

● **곶자왈** 가시덤불이 우거진 숲
●● **빌레왓** 바위로 뒤덮인 밭
❀ **한머들** 큰 돌무더기
❀❀ **훌근 소낭밭** 굵은 소나무 밭
❀❀● **궤** 동굴
❀❀❀ **이신 디** 있는 데

강변에 놀고, 밀물에는 수중에 놀고, 산으로 가민 아흔아홉 골, 바다로 가민 일만 잠수 일만 어부 어장촌을 다 좋아허지. 밤에는 등불 들고, 낮에는 연불 들고 놀멍 어부들 선왕에 열두 풍문 주고, 잠녀들 요왕에 열두 풍문 주멍 얻어먹고 살지."

"아하, 경허믄 먹는 건 뭘 젤로 좋아햄수과?"

"그야 수수떡, 수수밥 오곡밥 다 좋아허고, 변소의 흰돼지 검은 돼지 네발짐승 다 좋아허고, 우갈비 좌갈비 열두 뼈 좋아허고, 시원석석한 간이나 더운 피 좋아허고, 고기도 동이로 술도 동이로 들이키는 걸 좋아허지. 헤헤."

도깨비들은 들썩들썩 춤을 추며 대답했다. 심방이 무릎을 치며 장단을 맞췄다.

"잘 되엇수다. 영감님들이 좋아허는 걸 상다리 부러지게 차려시난 실컷 먹으멍 놀아보십서. 그나저나 이 동네엔 무슨 일로 오셧수과?"

"그게…… 우리 일곱째 막내동생 오소리잡놈이 이 근처에 있는가 해서 찾아왔소."

심방이 고개를 끄덕이며 말했다.

"바로 찾아왓인게마심. 막내 영감이 이 집 여인네 몸에 들러붙어 잇으난 어서 불러 만나봅서."

심방이 바짝 말라 곧 죽게 된 과부를 부축하고 나와 멍석에 앉혔다. 그러자 도깨비들이 다가가 과부의 얼굴을 요리조리 살펴보더니 고개를 끄덕였다.

"여기 있는 게 틀림없이 우리 막내 맞구나! 그리운 동생아, 어찌 그리 무심허냐? 우리가 널 얼마나 찾아뎅겨신디 모른 척허고 있단 말이냐? 어서 나와서 술 한 잔 받아라."

그러자 어디선가 훤칠하니 인물 좋은 도깨비가 쓱 나타났다. 과부 몸에 들러붙어 있다가 빠져나온 것이다.

도깨비 형제들이 박수를 치며 좋아했다.

"신수가 훤헌 거 보니 내 동생이 틀림없네 그래. 자 양푼이에 술 가득 부었으니 단 번에 들이키고 기갈이나 풀자구나."

"우리는 잘 먹으면 잘 먹은 값 하고, 못 먹으면 못 먹은 값 하는 도깨비들이지."

"그렇고 말고, 자 어디 한 번 실컷 먹어나 보세!"

도깨비 일곱 형제는 술이며 안주며 주거니 받거니 먹어치우니 기분이 좋아져서 덩실덩실 춤을 추기 시작했다. 시름시름 앓던 과부도 생기를 되찾아 으쌱으쌱 어깨를 들썩였다. 굿 구경 온 동네 사람들도 소미들이 치는 장구며 북 장단에 맞춰 일어나 춤을 추니 과부 집 마당이 잔칫집이 되었다.

한참 놀던 도깨비들이 옆에 놓여 있는 짚으로 만든 배를 보

고 물었다.

"요거는 무엇이요?"

"네, 요거는 배방선이우다."

"아하, 우리가 타고 갈 배로구나. 실컷 먹었으니 오늘은 동생 데리고 깃발 가는 양 물결 가는 양 가고픈 데로 가야 헐 거구나."

심방이 고개를 끄덕이며 대답했다.

"네, 영감님들, 물때가 다 되어시난 이제 배를 띄우러 나가봅주."

"그럼 이별주나 한 잔 하고 떠나볼까!"

여섯 명의 도깨비들이 막내 도깨비 오소리잡놈을 잡아끌고 배에 올랐다. 오소리 잡놈 막내 도깨비가 형들과 같이 배에 오르니 물결이 저 멀리 깊은 바다로 두둥실 밀어가버렸다.

신화, 펼치기

제주의 도깨비 신앙

누구나 자라면서 도깨비에 대한 옛날이야기 한두 가지쯤은 들어보았을 것이다. 할머니 할아버지가 해주시는 옛날이야기에서 도깨비를 만나기도 하고, 동화책을 읽으면서 도깨비를 상상하기도 했다. 이렇게 도깨비는 옛날이야기나 창작동화의 단골 소재이다.

우리가 이야기를 통해서 갖게 된 도깨비에 대한 느낌은 무섭다거나 으스스하기보다는 우스꽝스럽고 어설픈 모습에 재미가 크다. 본토에 전해지는 도깨비에 관한 이야기들이 흥미 위주의 설화들이고, 제주에 전해지는 이야기들 역시 그러한 요소가 많기 때문이다.

그런데 제주에서는 이 재미있고 우스꽝스러운 도깨비를 신(神)으로 추앙하고 있다. 그래서 도깨비에 대한 신화도 여럿 전하고 있다. 제주도에서 채록된 도깨비신화는 모두 7편 정도라 한다. 한 집안의 수호신으로 전해지는 '조상본풀이' 신화와 마을을 지키는 '당'의 신으로 전해지는 '당본풀이' 신화가 채록되어 남아 있다.

그렇다고 제주에 사는 대부분 사람들이 도깨비 신앙을 가지고 있는 것은 아니다. 도깨비를 신으로 모시는 집안이나 마을이 따로 있다는 얘기이다. 그럼 어떤 사람들이 도깨비를 신으로 모셨을까? 이에 대한 답은 앞에 소개된 신화 속에서 찾아볼 수 있다.

도깨비 삼형제는 모두 제주 사람들이 모시는 일월조상이 되었는데, 한 가지는 갈라다 '뱃선왕(船王神)'으로 모시고, 한 가지는 갈라다 '산신일월또(狩獵神)'로 모시고, 한 가지는 갈라다 '솥불미(冶匠神)'로 모시게 되었다.

'일월'은 보통 조상을 나타낼 때 쓰는 말이다. 그래서 '현씨일월'이니 '한양일월'이니 하는 신화 속 인물들은 조상을 나타내는 이름이다. 도깨비 삼형제가 제주 사람들이 모시는 일월조상이 되었다는 것은 어떤 집안에서는 도깨비를 조상으로 모신다는 의미이다.

삼형제 중 한 가지는 뱃선왕으로 모신다고 했는데, 이는 주로 배를 부리는 어부들이 도깨비를 모신다는 것이다. 어부들은 도깨비를 영감신으로 모시면서 풍어를 기원하고 있다. 해안가 마을 중에는 도깨비를 모신 영감당이 있어 이 당에서 당굿을 행하고 있다. 대표적으로 한림읍 금능리 능향원에 있는 '영감당'과 비양도에 있는 '송씨영감당'이다.

도깨비 삼형제 중 다른 한 가지는 산신일월또가 되었다. '산신일월'은 사냥이나 목축을 관장하는 조상신이다. 사냥이나 목축으로 생계를 이어가는 일부 집안에서 도깨비를 조상신으로 모신다는 의미이다.

그리고 나머지 한 가지는 갈라다 솥불미(冶匠神)로 모시고 있다. '솥불미'는 불을 이용하여 쇠를 녹이는 풀무질을 관장하는 신으로 솥을 만드는 솥불미 일이나 옹기를 굽는 일을 하는 지역에서 당의 신이나 조상신으로 모신다.

한림읍 금능리 능향원 영감당

　앞에 소개한 '영감본풀이 1'은 당본풀이로 한경면 낙천리 도
깨비당 본풀이이다. 이에 대하여 문무병의『제주도 본향당 신
앙과 본풀이』에서 자세하게 설명하고 있다.

　낙천리 도깨비당의 당신은 '송씨하르방'이고, 송씨가 이 마을
을 설촌했다고 한다. 송씨의 생업은 솔불미인데, 대정읍 덕수리
로 이주하여 덕수리에 송씨가 많이 산다고 한다. 그들이 섬기는
조상신을 '뒷하르방' 또는 '갈매하르방' 또는 '송도깨비'라고 부
른다. 이 신이 풀무질을 창시하고, 무구를 제작하기 시작했다는
이야기이다.

이처럼 도깨비신을 모시는 낙천리와 덕수리는 옛날 보습의 산지였다고 한다. 그래서 문무병은 '영감본풀이'가 제주섬에 수입된 철기문화를 설명하면서 작게는 한 씨족의 생업인 풀무질의 유래를 말해준다고 얘기하고 있다.

이렇게 도깨비를 모시는 집안이나 마을이 따로 있지만 제주의 문화에서 도깨비를 모시는 영감신앙이 비교적 폭넓게 분포하고 있는 편이라고 한다. 문무병이 제시하는 도깨비와 관련된 의례는 10가지에 이르고 있다. 그중 몇 가지만 소개하면 다음과 같다.

- 배를 부리는 사람들의 선왕굿이나 뱃고사.
- 영감신을 놀리는 두린굿.
- 철공소를 하는 집안의 기계고사.
- 낙천리 당굿.
- 칠머리당영등굿.
- 무역이나 장사하는 집안에서 조상으로 모시는 문전제.
- 갈매하르방·할망을 위한 불미고사.

'영감본풀이 2'는 안사인 심방이 구술한 조상본풀이에 해당하는 것으로 보통 연극의례인 '영감놀이'에서 불리는 본풀이에 해당한다. 특히, 유네스코 세계문화유산으로 등재된 칠머리당 영등굿에서 굿이 끝나갈 무렵 '영감놀이'를 펼치는데, 연극의례로 사람들이 도깨비 분장을 하고 횃불을 들고 등장해서 놀다가 짚으로 만든 배방선을 들고 바다로 띄우러 가는 것으로 마무리한다.

칠머리당영등굿에 주된 단골들은 바다에서 해산물을 채취하는 잠녀(해녀)들과 배를 부리고 있는 선주들이다. 이들은 음식을 장만하여 굿을 하는 내내 사람들에게 대접하고, 수시로 인정을 건다. 인정은 신에게 정성을 바치는 것인데, 주로 돈을 조금씩 올린다. 그들은 이렇게 풍어와 안전을 기원하면서 영등굿이 잘 진행되도록 뒷받침한다.

부의 신이자 재앙신이기도 한 도깨비

도깨비를 소재로 한 드라마가 있었다. 도깨비는 엄청난 부자로 나오는데, 이 도깨비는 다른 사람도 마음만 먹으면 부자로 살 수 있게 하는 능력을 지녔다. 도깨비는 바로 부의 신(富神)이기 때문이다. 이렇게 사람을 부자가 되게 해주는 도깨비의 능력은 신화에도 나온다.

도깨비가 송영감에게 자신들을 위하여 돼지를 잡아 제사를 지내면 고생 안 하고 살게 해주겠다고 했다. 그러나 모른 체하면 무슨 일이 벌어질지 장담할 수 없다고 협박하자 송영감은 부인이 말리는 데도 하나뿐인 돼지를 잡고 수수떡, 수수밥을 하여 제사를 지내주었다. 그때부터 하는 일마다 술술 잘 풀리더니, 송영감은 삽시간에 천하거부가 되었다고 한다.

이렇게 도깨비를 잘 모셨더니 부자가 되었다는 이야기는 많다. 뱃사람들에게 도깨비는 풍어, 즉 고기를 많이 잡게 해주는 신으로 대접을 받는다. 특히, 멸치잡이때가 되면 도깨비가 멸치떼를 몰아다가 잡게 해준다는 신앙을 가지고 있다고 한다. 그래서 멸치잡이 풍어를 위해 '멜굿', 일명 '그물코사'를 지내는데, 이때는 도깨비가 좋아하는 수수떡과 수수밥, 돼지머리 등을 차리고 도깨비신을 청하여 굿을 한다.

도깨비는 조금이라도 모시는 데 소홀하면 일시에 망하게 하는 재앙신이기도 하다.

현용준의 『무속신화와 문헌신화』에 소개된 것을 보면, 어떤 이가 도깨비를 정성껏 모시다 하루 소홀했더니 집에 불이 났다고 한다. 또 다른 집에서는 바빠서 도깨비 신을 위하는 걸 깜빡하고 밭에 갔더니 밭 네 귀에서 불이 활활 타고 있었다. 그래서 큰일 났다고 생각하여 급히 집에 와봤더니 집 네 귀퉁이에도 불이 활활 타고 있었다는 이야기도 소개하고 있다. 그러니 도깨비신을 모신다는 것은 한편으로는 매우 부담스러운 일이 될 터이다. 한결같은 정성으로 모시는 것이 쉽지 않기 때문이다.

한경면 낙천리에 도깨비당인 '스록낭모들당'이 있는데, 지금은 폐당이 되어 들어가는 입구까지 나무로 우거져 찾기 힘든 상태가 되어버렸다. 그래서 그 마을 이장한테 당을 잘 정비하여 사람들이 찾을 수 있게 하는 것이 어떠냐고 제안한 적이 있다. 그랬더니 이장은 화를 내면서 그 당은 도깨비당이 아니라고 강변했다. 그러면서 마을에 도깨비당이 있다고 소문이 나서 다 이루어진 줄 알았던 혼사가 깨진 적이 있다고 말을 했다. 도깨비를 잘못 모시면 불행해질 수 있다는 이야기와 그 마을 사람들에게는 도깨비가 붙어 있다는 잘못된 이미지가 결합하여 벌어진 일이 아닐까 생각한다.

신출귀몰 도깨비의 모든 것

조상본풀이로 '영감놀이'에서 가창되는 신화를 보면 도깨비의 특성이 잘 나타나 있다. 이를 바탕으로 도깨비가 가지는 여러 성격들을 규명해보는 것도 재미있는 작업이 될 듯하다.

첫째, 도깨비는 어떤 음식을 좋아할까? 신화에 따르면 도깨비는 수수떡과 수수밥, 돼지고기, 소주 등을 좋아하는 것으로 되어 있다. 그래서 도깨비신을 모시는 의례에서는 이와 같은 음식을 올린다. 요즘은 외부에서 들어온 바나나 같은 과일도 같이 올리지만 돼지고기는 꼭 올리는 것을 볼 수 있다.

보통 농경신들이 좌정한 당에서는 돼지고기를 올리지 않는다. 돼지고기를 먹은 신은 부정한 신이라 하여 따로 좌정하게 할 정도이다. 월정본향당신화를 보면 서당할머니가 임신했을 때 하도 고기가 먹고 싶어 돼지털이라도 불에 그슬려서 먹었다. 그러자 남편인 신산국이 돼지털을 그슬려 먹은 신은 부인으로서의 자격이 없다고 하면서 일곱 자식을 데리고 나가 따로 좌정하게 한다.

이에 비해 어촌 마을에 좌정하고 있는 신들은 주로 돼지고기를 먹는 경우가 많은데, 도깨비도 그중의 하나이다. 예전에는 이렇게 돼지를 잡아 제물로 올리면서 사람들도 같이 고기를 나눠 먹을 수 있었을 것으로 보인다. 먹고 살기 어려웠던 시절에 마을의 당굿은 음식을 나눠 먹을 수 있는 잔치이기도 했다.

둘째, 도깨비는 비오는 날 좋아하고, 안개 낀 날 좋아하는 등 음산한 곳을 좋아한다. 도깨비에 대하여 "산중으로 올라서민 작은 소낭밭, 홀근 소낭밭, 어둑어둑한 궤, 썩은 나무토막 이신 디 좋아허주. 썰물에는 강변에 놀고, 밀물에는 수중에 놀고, 산으로 가민 아흔아홉 골, 바다로 가민 일만 잠수 일만 어부 어장촌을 좋아허지"라고 얘기하고 있다. 어둑어둑한 곳, 음산한 곳, 바닷가 지역 등에 도깨비가 출몰한다는 것이다.

이용옥 심방이 예전에는 비가 추적추적 내리는 날 밖에 나갔다가 정말 도깨비불을 볼 수 있었다고 했다. 그런데 요즘은 도깨비불이 자취를 감추어 전혀 볼 수 없다는 것이다. 강렬한 인공조명에 도깨비불이 맥을 못 추어서 그럴까? 한라산 기슭까지 불어닥치는 개발바람이 자연현상까지 변화시킨 탓일까? 이래저래 우리들은 신화의 세계와 더욱 멀어졌음을 느끼게 하는 말이었다.

셋째, 도깨비의 차림새를 보면, '망만 붙은 갓을 쓰고, 깃만 붙은 도포를 입고, 곰방대에 담배를 퍼삭퍼삭 피워 물고' 있는 우스꽝스러운 행색을 하고 있다. 이런 모습으로 한 손에는 연불, 한 손에는 신불을 들고 어뜩하면 천 리 가고, 어뜩하면 만 리 가는 신출귀몰 신통력을 자랑한다. 연불은 연기가 나는 불을 말하고, 신불은 신의 능력이 담긴 환한 불을 말한다.

영감놀이를 할 때는 도깨비가 이러한 행색과 함께 한지로 만든 가면을 쓰고 등장한다. 종이로 적당히 오려 만든 가면일 뿐인데 제법 으스스한 도깨비 분위기가 나는 것이 신통하다. 어둑어둑해질 무렵 검은 두루마기를 입고 도깨비 가면을 쓰고서 횃불을 들고 등장하면서 굿마당을 도깨비가 출몰하는 으스스한 신화의 세계로 변화시킨다.

넷째, 도깨비는 호색적인 면을 가지고 있다. 특히 마음에 드는 여인을 보면 그 몸에 바로 달라붙어 버린다고 한다. 그렇게 도깨비가 달라붙은 여인은 그날부터 시름시름 앓으면서 바짝바짝 여위어가는 것이다. 그리하여 도깨비를 잘 대접하여 쫓아내는 굿을 하게 되는데, 이를 두린굿이라 한다.

문무병은 도깨비가 남자와 여자 양성을 모두 지니고 있다고 얘기한다. 그래서 남자와 놀면 여자 같고, 여자와 놀면 남자 같다는 것이다. 이렇게 남자든 여자든 마음에 들면 붙어서 질탕하게 놀아나니 '천하오소리잡놈'이라고 하는 것이다.

다섯째, 도깨비는 부자도 되게 하고 재앙도 주는 영험하고 무서운 면도 있지만 일면 우둔한 면도 있다. 그래서 사람들에게 잘 속아 넘어가기도 한다는 것이다. 신화에도 그러한 면이 드러나고 있다.

앞에 제시한 이야기에도 도깨비 때문에 부자가 된 송영감이 도깨비를 떼어놓으려고 "저 멀리 세경 넓은 밭을 문밖에 떼어다 놓아주시오. 그러면 평생 모시고 살겠소. 허나 그러지 못하면 더 이상 모시지 않을 것이니 이 집에서 나가야 될 것이다"라고 말하자 자신만만하게 그리 하겠다고 달려들었다가 쫓겨나는 신세가 되고 만다. 이 밖에도 "도깨비를 만나자, 너의 아비한테 돈 몇 천 냥을 꿔 주었는데 갚지 않고 있다"고 엄포를 놓았는데 다음 날 아침에 보니 문 앞에 어마어마하게 많은 돈 궤짝을 가져다놓았다는 우스운 이야기도 있다.

문무병의 『제주도 본향당 신앙과 본풀이』에서 소개한 이야기를 보면 도깨비의 여러 성격이 잘 드러나고 있다.

과부 한 사람이 도깨비와 친하면 부자가 될 수 있다는 말을 듣고, 도깨비가 좋아한다는 메밀묵을 쑤어서 놔두었다. 밤이 이슥해지자 도깨비가 와서 메밀묵을 먹었다. 과부는 도깨비를 자기 방으로 불러들였고 드디어 친해졌다. 과부는 도깨비더러 돈이며 금은보화를 갖다달라고 했다. 도깨비는 과부가 원하는 대로 돈이며 보물을 얼마든지 갖다주었다.

부자가 되자 이 여자는 도깨비가 싫어졌다. 그래도 도깨비
가 자꾸 찾아왔다. 곰곰 생각한 끝에 과부는 도깨비더러 무서
운 것이 무엇인가고 물었다. 그건 왜 묻느냐고 도깨비가 되물
었다. 도깨비가 무서워하는 것을 못 오게 하고, 그런 것을 모
두 치워버리려고 그런다고 대답했다. 도깨비는 과부가 자신을
위해서 그런 것이라고 생각하고는 자기가 무서워하는 것은 말
의 피라고 대답했다.

이 말을 들은 과부는 자기의 집 둘레에 말의 피를 뿌려놓았
다. 밤이 되어 도깨비가 마음놓고 여자의 집에 찾아오다가 말
의 피를 보고는 그만 기겁하여 도망치고 말았다.

도깨비신에 대한 연극 의례 영감놀이

영감놀이는 지금도 여러 굿에서 실연되고 있는 연극의례이
다. 주로 도깨비가 붙은 여인의 병을 치료하거나 어선을 새로
마련하고 도깨비인 선왕을 새로 좌정시키려 하는 경우, 칠머리
당영등굿처럼 마을의 당굿에서 행해진다고 한다. 현용준의『무
속신화와 문헌신화』에서 소개한 것을 바탕으로 '영감놀이'를

정리해본다.

영감놀이는 주로 어둑어둑한 밤에 행해진다고 한다. 제상 위에는 메(밥), 떡, 과일 등의 제물에 도깨비가 좋아하는 돼지머리, 수수떡, 소주 따위를 올린다. 그리고 영감신을 나타내는 창호지로 만든 가면과 짚으로 만든 자그마한 배인 배방선을 미리 준비해놓는다.

주로 소미들이 가면을 쓰고, 헌 도포를 입고, 헌 짚신을 신고, 곰방대를 무는 등 신으로 분장한다. 가면은 창호지에 눈 코 입에 해당하는 구멍을 뚫고 수염을 붙여놓는다.

심방이 초감제 제차를 끝낸 후 영감본풀이를 노래하고 나서 어둑어둑한 곳을 향해 도깨비 형제들을 부른다. 그러면 오소리 잡놈에 해당하는 막내는 여인에게 붙어 있으니 제외하고 나머지 도깨비 육형제가 횃불을 들고 등장한다. 심방은 영감들과 대화를 나누고 나서 "너의 형제 막내동생이 여인의 몸에 들어 있으니 대화를 나누라"고 한다.

심방이 환자를 데려다 앉히면 영감들은 환자의 어깨를 치면서 "널 찾으려고 고생고생하면서 왔는데 어찌 그리 무심하냐" 하면서 여인의 몸에 붙은 막내 도깨비에게 어서 나와서 같이 먹고 마시고 놀다가 떠나자고 한다. 그러면 막내 영감 오소리잡놈이 나와서 같이 먹고 마시면서 논다. 이렇게 실컷 마시고 논

칠머리당영등굿의 영감놀이 장면

영감들은 이 집안 자손들에게도 이별잔을 나누자고 하면서 환자와 가족들에게도 술을 권한다.

마지막으로 '서우젯소리'에 맞추어 환자와 가족들 그리고 구경꾼들과 함께 어울려 같이 춤을 추면서 논다. 심방이 선창하면 사람들이 뒷소리를 따라 부르며 춤을 추는데, 소리하면서 춤을 추다 보면 굳었던 몸이 풀리고 마음에 맺혀 있던 것들도 날아가버린다. 그래서 서우젯소리는 굿마당에 참여한 모두를 치유하는 것이다.

영등굿에서 해녀와 선주들이 무사안녕을 빌며 정성을 다하는 모습

아 하 아하 아아양 어허양 어어어요

청금산도 요왕이 놀자 적금산도 요왕이 놀자

아 하 아하 아아양 어허양 어어어요

요왕이 놀면 선왕도 놀고 선왕이 놀면 영감도 논다

아 하 아하 아아양 어허양 어어어요

서울이라 먹자골은 허정승 아들 일곱 성제

아 하 아하 아아양 어허양 어어어요

흩어지면 열네동서 모다지며는 일곱동서

아 하 아하 아아양 어허양 어어어요(……)

한바탕 춤을 추고 나서 영감신들은 "명주 바다에 실바람 나는데, 물때가 점점 늦어진다"고 하면서 쌀이며 우무며 전복이며 소라 등을 배에 가득 실으라고 한다. 그러면 소미들이 작은 배에 제물을 조금씩 실어놓는다.

영감들은 막내동생을 데리고, "이별이여, 작별이여, 배 놓아 가자"라고 외치며 배를 매고 바깥으로 나가 배를 바다에 띄울 때를 기다린다.

원담

김수열

해짓골 올빼미 형은
멜철 들어 물이 싸면
탑바리 원담에
족바지 들고 멜 거리레 갔다

이레 화르르륵 저레 화르르륵
저레 화르르륵 이레 다올리라

작대기 들고 바당물 탕탕 치당보민
팔딱팔딱 족바지에 멜이 가득

멜 들었저 멜 거리라
멜 거리라 멜 들었저

그런 날이면 해묵은 해짓골엔
멜 굽는 소리 자글자글 피어나고
올빼미 형 어깨에도
없던 가오가 살아났다

원담 : 제주 해안가에서 밀물과 썰물의 차를 이용해 고기를 잡을 수 있도록
둥글게 쌓아 만든 돌담
멜 : 생멸치
족바지 : 허리에 차는 그물같이 생긴 그릇
거리레 : 뜨러 (물을 뜨다)
이레, 저레 : 이리로, 저리로
가오 : 폼

예전에 어촌 마을에서는 바닷가 원담에 멸치가 들어오면 마을 사람들이 공동으로
잡곤 했다. 그런 날이면 집집마다 멸치 반찬 냄새가 나는 풍경을 생생하게 전해주
는 시이다.

참고문헌

강영봉, 『말하는 제주어』, 한그루, 2017.

고광민, 『제주 생활사』, 한그루, 2016.

김순이, 『제주신화』, 여름언덕, 2016.

김정숙, 『자청비·가믄장아기·백주또』, 도서출판 각, 2002.

문무병, 『제주도 본향당 신앙과 본풀이』, 민속원, 2008.

문무병, 『설문대할망의 손가락』, 알렙, 2017.

문무병, 『두 하늘 이야기』, 알렙, 2017.

여연, 문무병, 『신화와 함께하는 제주 당올레』, 알렙, 2017.

여연, 『제주의 파랑새』, 도서출판 각, 2016.

이수자, 『제주여성 전승문화』, 제주도, 2004.

이영권, 『새로 쓰는 제주사』, 휴머니스트, 2005.

이형상, 『남환박물』, 푸른역사, 2009.

장주근, 『제주도 무속과 서사무가』, 도서출판 역락, 2001.

현용준, 『무속신화와 문헌신화』, 집문당, 1992.

현용준, 『제주도무속자료사전』, 도서출판 각, 2007.

현용준, 『제주도 신화』, 서문당, 1996.

현용준, 『제주도 사람들의 삶』, 민속원, 2009.

현용준, 『제주도 신화의 수수께끼』, 집문당, 2005.

도판출처

김일영 ⓒ 261~262쪽.

송담 고정식 ⓒ 148쪽.

여연 ⓒ 44쪽, 132~133쪽, 144쪽, 218~220쪽, 250쪽.

제주전통문화연구소 ⓒ 41쪽, 45쪽, 184쪽.

조근조근 제주신화 2

초판 1쇄 2018년 10월 22일

지은이 여연 | **편집** 북지육림 | **제작** 제이오
펴낸곳 지노 | **펴낸이** 조소진 | **출판신고** 제2018-000065호
주소 경기도 고양시 일산서구 고양대로 618 601호
전화 070-4156-7770 | **팩스** 031-629-6577 | **이메일** jinopress@gmail.com

ⓒ 여연, 2018
ISBN 979-11-964735-2-5 (04380)
　　　979-11-964735-4-9 (세트)

이 도서의 국립중앙도서관 출판예정도서목록(CIP)은 서지정보유통지원시스템 홈페이지
(http://seoji.nl.go.kr)와 국가자료공동목록시스템(http://www.nl.go.kr/kolisnet)에서
이용하실 수 있습니다. (CIP제어번호: CIP2018029546)

이 도서는 한국출판문화산업진흥원의 출판콘텐츠 창작 자금 지원 사업의 일환으로
국민체육진흥기금을 지원받아 제작되었습니다.

이 책의 내용을 쓰고자 할 때는 저작권자와 출판사의 허락을 받아야 합니다.

- 잘못된 책은 구입한 곳에서 바꾸어드립니다.
- 책값은 뒤표지에 있습니다.